立德树人 培根铸魂

上海市中等职业学校**社会主义核心价值观教育**和**中华优秀传统文化教育**品牌项目培育成果集

本书编委会◎编

同济大学出版社
TONGJI UNIVERSITY PRESS
·上海·

内容提要

本书汇编了近年来上海市中等职业学校在开展社会主义核心价值观教育和中华优秀传统文化教育过程中形成的一批富有实效性、可示范、可引领、可辐射、可推广的优秀品牌项目。每个项目都扼要阐明了项目实施的背景、目标和总体工作思路，详述了项目的实施过程和具体做法，并概括总结了项目实施的成效、存在问题和前景规划。这些成果凝聚了上海市中等职业学校德育工作者的辛勤劳动和智慧才华，为广大中等职业学校深入推进社会主义核心价值观教育和中华优秀传统文化教育提供了经验和借鉴。

本书可供教育工作者及其他相关人士参考阅读。

图书在版编目（CIP）数据

立德树人　培根铸魂：上海市中等职业学校社会主义核心价值观教育和中华优秀传统文化教育品牌项目培育成果集/《立德树人　培根铸魂：上海市中等职业学校社会主义核心价值观教育和中华优秀传统文化教育品牌项目培育成果集》编委会编. --上海：同济大学出版社，2020.11

ISBN 978-7-5608-9628-1

Ⅰ.①立…　Ⅱ.①立…　Ⅲ.①中等专业学校-思想政治教育-研究-中国②中华文化-教育研究-中等专业学校　Ⅳ.①G711②K203

中国版本图书馆 CIP 数据核字（2020）第 245208 号

立德树人　培根铸魂

——上海市中等职业学校社会主义核心价值观教育和中华优秀传统文化教育品牌项目培育成果集

本书编委会　**编**

责任编辑　陈佳蔚　　**责任校对**　徐逢乔　　**封面设计**　渲彩轩

出版发行　同济大学出版社　　www.tongjipress.com.cn

（地址：上海市四平路 1239 号　邮编：200092　电话：021-65985622）

经　　销　全国各地新华书店

排　　版　南京月叶图文制作有限公司

印　　刷　浙江广育爱多印务有限公司

开　　本　710mm×1000mm　1/16

印　　张　13.25

字　　数　265 000

版　　次　2020 年 11 月第 1 版　　2020 年 11 月第 1 次印刷

书　　号　ISBN 978-7-5608-9628-1

定　　价　88.00元

编 委 会

前　言

党的十八大以来，以习近平同志为核心的党中央高度重视社会主义核心价值观的培育和践行，立德树人，培根铸魂，正本清源，并发表了一系列重要讲话，作出了一系列重要部署。习近平总书记指出："核心价值观是一个民族赖以维系的精神纽带，是一个国家共同的思想道德基础。如果没有共同的核心价值观，一个民族、一个国家就会魂无定所、行无依归。为什么中华民族能够在几千年的历史长河中生生不息、薪火相传、顽强发展呢？很重要的一个原因，就是中华民族有一脉相承的精神追求、精神特质、精神脉络。"2013 年 12 月，中共中央办公厅印发了《关于培育和践行社会主义核心价值观的意见》；2014 年 4 月，教育部下发了《关于培育和践行社会主义核心价值观进一步加强中小学德育工作的意见》。这两个文件就加强社会主义核心价值观的宣传教育提出了要求和部署，特别强调了学校是培育和践行社会主义核心价值观的重要阵地，也是学校落实立德树人根本任务的核心要求，为学校的德育工作指明了方向。

为贯彻落实党中央、教育部关于培育和践行社会主义核心价值观一系列重要精神和重要部署，上海市教卫党委和市教委下发了《关于建立完善本市教育系统培育和践行社会主义核心价值观长效机制的实施意见》《关于完善中华优秀传统文化教育长效机制的实施意见》等指导性文件，对具体实施和落实这项工作提出要求和安排。按照上海市教委德育处和上海市学生德育发展中心布置的任务，从 2015 年起连续三年，中职德育工作专业委员会在本市中职学校组织开展了"社会主义核心价值观教育和中华优秀传统文化教育品牌项目培育"（简称"两教品牌项目培育"）的申报和立项工作。通过专家的评审，三年里共有 13 所中职学校的 15 个项目批准立项，学校根据项目的要求均如期完成任务。同时，其他各中职学校积极贯彻落实市教育党委、市教委文件的精神和要求，结合本校的专业特点和教育资源组织开展了形式多样、生动活泼的“两教活动”，引导中职学校学生弘扬中华优秀传统文化，践行社会主义核心价值观，全面落实立德树人的根本任务，取得了显著成效。本书汇编了近年来上海中职学校在开展社会主义核心价值观教育和中华优秀传统文化教育过程中形成的一批富有实效性、可示范、可引领、可辐射、可推广的优秀品牌项目，为广大中职学校深入推进社会主义核心价值观教育和中华优秀传统文化教育提供经验和借鉴。

我们从本书中可以清楚地看到，上海中职学校在开展“社会主义核心价值观教育和中华传统文化教育品牌项目培育”的活动中，呈现以下三个特色。

一、坚持以立德树人为根本，形成凸显职业学校特色的培育与践行的长效机制

各中职学校在项目确立和实施过程中，始终以立德树人为根本导向，以学校专业特色和教育资源为基础，构建了项目开展的顶层设计和具体的实施途径，将社会主义核心价值观教育和中华优秀传统文化教育“进教材、进课堂、进课外、进网络、进教师队伍和进评价体系”，融入职业学校大德育工作体系中，从而形成了学校培育与践行核心价值观和弘扬中华优秀传统文化教育的长效机制。

上海市医药学校以医药专业为依托，构建了“百草文化”为特色的校园大德育体系，通过课程建设、仪式教育和实践活动的融合，将社会主义核心价值观培育与中华优秀传统文化教育贯穿在学生教育教学的全过程，有效提升了学生的职业素养。上海逸夫职业技术学校选择本区服装行业有传统、有特色、被社会公认的非物质文化遗产，开展了“让非遗之花在逸夫绽放——逸夫职校非遗文化艺术鉴赏和职业体验项目”。通过“非遗文化”进课堂、进教材、进学生实践环节和职业体验等途径，落实社会主义核心价值观教育和中华优秀传统文化教育“六进”的要求，提升学生民族文化自豪感和职业认同感、荣誉感。上海商业会计学校“廉洁文化进校园”文化品牌项目，从古人赋予荷花“出淤泥而不染”的君子形象，引申到财经商贸类学校培养学生清廉（莲）自律、诚实守信的职业规范，逐渐形成了清荷廉洁文化。学校通过从思想引领、内涵建设、环境营造到系列主题活动，对学生进行诚实守信的教育和培养，廉洁文化的教育已经成为学校德育工作体系中的长效机制。上海市经济管理学校在开展社会主义核心价值观和中华优秀传统文化教育的过程中，通过“孝道文化进校园"项目的实施，弘扬和传承中华优秀传统文化，初步构建了一整套"孝德文化进校园"的教育体系，使"孝德文化"进教材、进课堂、进活动、进网络、进教师队伍和评价体系，成为学校德育教育体系中的重要组成部分，具有持久的生命力。上海奉贤中等专业学校"关爱独居，和美孝亲"和上海市公用事业学校"专业类志愿服务"这两个项目，组织学生开展志愿者服务活动。它们和以往公益类志愿服务不同：一是以学校周边农村"独居老人"为服务对象；二是利用所学专业的优势，开拓专业类志愿服务；三是构建了志愿服务工作体系、评价体系和保障体系，形成了志愿服务阵地化、规范化、经常化、制度化的长效机制。通过志愿服务，一方面弘扬了"奉献、友爱、互助、进步"的志愿精神，使社会主义核心价值观内化于心，外化于行，增强了学生的社会责任感；另一方面创建了中职生社会实践与专业学习相结合以及培养服务社会的能力，提升职业素养相融合的育人机制，突显了职业院校的育人特色。

二、坚持以落细、落小、落实为原则，为学生搭建德育活动平台，开拓创新了德育工作的途径和方法

社会主义核心价值观教育和中华优秀传统文化教育要取得实效，必须坚持落细、落小、落实的原则，根据中职生身心发展的特点，选择他们能接受、乐于接受的德育活动来具体诠释核心价值观和中华优秀传统文化的内容，在潜移默化中自然地接受这些思想和观念，而不是那些高、大、深的东西。各中职学校深刻把握时代特点和中职学生的成长规律，以落细、落小、落实为指导原则，为学生搭建形式多样、丰富多彩的活动平台。注重理论与实践相联系，注重过程中的熏陶和习惯养成，使理念、实践到习惯养成成为一个具体的循序渐进的过程，开拓创新学校德育工作的有效途径和方法。

上海市公用事业学校的校园微电影节品牌培育项目，以体验式德育模式、以新颖喜乐的活动形式，吸引了广大学生踊跃参与，在活动中有效提升了学生的自信心、职业素养和人文素养。上海市马戏学校以走"习艺育德"之路、培育"全面发展杂技艺术人才"活动项目为抓手，以少数民族学生的特点为出发点，坚持把社会主义核心价值观与中华优秀传统文化的教育落细、落小、落实，开拓习艺育德结合德育工作的新途径，把学生培养成德艺双馨的人才，在全国职业院校中产生了很大影响。上海市商贸旅游学校传承"红色基因"、江南造船集团职业技术学校"军工文化进校园"、上海松江新桥职业技术学校"传统文化社团"这三个品牌项目的共同特点，都是以学校校址的历史沉淀、百年老厂深厚的文化底蕴、社区众多的人才优势为教育资源，搭建丰富多彩的活动平台，把爱国主义、理想信念、民族精神、中华优秀传统文化的教育落到实处，厚植了学生的爱国情怀，培养了学生的工匠精神，提高了学生的职业素养，找到了一条德育的有效途径。上海市现代职业技术学校开展“五好小公民”主题读书活动，并在实践中将学校小课堂与社会大课堂相结合，将理论与实践相统一，帮助青年学生在读书中明辨是非，在践行社会主义核心价值观中升华自己，提升学生的职业素养，使学校德育工作不断落实、落细。上海港湾学校“沪剧艺术进校园”、上海科技管理学校“中华书画巡回展”、上海市大众工业学校“嘉定竹刻”、上海船厂技工学校“狮跃龙腾”、上海石化工业学校“筝舞追风”等品牌项目的培育，都是以细小的活动为抓手，弘扬和传承中华优秀传统文化，潜移默化地影响学生的审美观，充分发挥优秀传统文化怡情养志、涵育文明的重要作用，增强学生对中华悠久文化的自信心和民族自豪感，提升学生的人文素养。这些活动的开展过程中，学生参与人数多，受益面广，热情高涨，影响力大，取得了很好的效果，找到了一条把中华优秀传统文化教育落细、落小、落实的途径。

三、打造特色校园文化，充实完善文化育人环境，全面提升学生综合素养

校园文化是学校大德育工作体系的重要组成部分，也是社会主义核心价值观教育和中华优秀传统文化教育的重要载体。各中职学校在“两教品牌”项目的培育中，始终坚持用核心价值观和中华优秀传统文化滋养、充实校园文化的内涵，把社会主义核心价值观培育和中华优秀传统文化的传承融入校风教风学风的建设，与完善文化育人环境相结合，积极营造社会主义核心价值观和中华优秀传统文化引领下的特色校园文化，在润物细无声中全面提升学生的综合素养。

上海城市科技学校以“鲁班文化”为德育抓手，以学生核心职业素养培养为目标，大力弘扬“鲁班文化”中蕴含的爱岗敬业、精益求精、知行合一、开拓创新的文化基因，既注重社会主义核心价值观的浸润，也关注鲁班文化中职业素养的内涵；既注重中华优秀传统文化的感召，也重视工匠精神的传承和培育，为学生成长成才创造了良好的人文环境，形成了富有职教特色的、可传承的校园文化品牌。上海市商业学校根据多年心理健康教育工作的经验，以“和雅”校园文化建设为基础，积极培育“心理之友朋辈互助育和雅商校人”项目的实施，结合中职生的心理发展特征，在专业教师的指导下，通过朋辈互助团体开展系列活动，促使年龄相当、需求相近、困惑相似的中职生相互给予心理开导、安慰与支持，帮助中职生树立自信，学会沟通，健全人格，最终培育出“悦纳自我、团结合作、人格健全”的和雅商校人。该项目的实施贴近学生，深受学生的欢迎，已成为中职学校校园文化建设的品牌。上海市材料工程学校打造学校“龙狮”特色校园文化品牌，培育学生“团结和谐、坚忍奋进、开拓创新”的龙腾精神，学生在传承和弘扬中华优秀传统文化的过程中，践行社会主义核心价值观，培育职业精神，提升专业技能，提高综合素养。上海市工商外国语学校以“龙文化”为中华传统文化教育的突破口和切入点，将社会主义核心价值观和中华传统文化教育融入校园文化建设和学生的专业学习中，增强学生对“龙文化”的认同感，培育学生的爱国情怀，增加文化自信，提高人文素养，形成了良好的文化育人环境。上海市南湖职业学校以中华传统文化为载体，以学生实践体验为形式，将校本教材编写、“微型课程”和“修身”实践活动作为基本环节，形成以“修身”为主题的校园文化，让学生在浓郁的传统文化熏陶下，在德育无痕的实践体验中，感知文化，体验规范，提高文化修养，达到培养学生良好的道德品质和提升职业素养的目标。上海市第二轻工业学校探索将社团活动与专业技能学习、志愿者服务、学生综合职业素质培养三个方面相结合的德育途径，学生通过社团活动不仅获得知识和技能的提升，更重要的是促进了综合素质的全面提升。该校“社团建设”项目在中职学校校园文化建设中产生了很大的影响力。上海信息技术学校“工匠进校园”项目的实施，坚持以立德树人的精神为指导，结合社会主义核心价值观和中华民族优秀传统文化的教育，推出一系列举措，深入推进工匠精神进校园，始终坚持把“工匠进校园”活动融入德育教育中，进一步激励学生将工匠精神内化于心、外化于行，使工匠精神和匠心育人在校园文化的土壤中落地生根。“工匠进校园”项目已成为全国、全市职业学校校园文化建设的一个知名品牌。

本书由上海中职学校在开展“社会主义核心价值观教育和中华传统文化教育品牌项目”培育过程中涌现的优秀项目结集而成。每个项目都扼要阐明了项目实施的背景、目标和总体工作思路，详述了项目的实施过程和具体做法，并概括总结了项目实施的成效、存在问题和前景规划。它既是对上海中职学校“两教品牌”项目培育实践探索的梳理和回顾，也总结了上海中职学校在开展“社会主义核心价值观教育和中华优秀传统文化教育”活动中创建的新理念、新方式和新经验；既体现了习近平总书记关于培育社会主义核心价值观、弘扬中华优秀传统文化“从学校抓起，做到进教材、进课堂、进头脑”的要求，也反映了上海中职学校在“两教品牌”项目培育中，将社会主义核心价值观教育和中华优秀文化教育在落细、落小、落实上下功夫的新思路和新方法。这些成果凝聚了上海中职学校德育工作者的辛勤劳动和智慧才华，因而极具借鉴和推广价值。

习近平总书记指出，每个时代都有每个时代的精神，每个时代都有每个时代的价值观念。一个民族、一个国家的核心价值观必须与这个民族、这个国家的历史文化相契合，与这个民族、这个国家的人民正在进行的奋斗相结合，与这个民族、这个国家需要解决的时代问题相适应。本书的编辑过程，是我们一次重新学习、深入研究、全面把握社会主义核心价值观和中华优秀传统文化的过程，需要我们在认识和实践的过程中孜孜以求，在不同领域、从不同视角反复思考，“如切如磋，如琢如磨”这是我们的使命和责任。编者殷切希望通过本书的分享与交流，对上海中职学校的学生德育工作提供有益的参考和启示。同时也衷心感谢为本书的出版提供文稿的辛勤耕耘者，感谢对本书每篇文稿进行指导和审阅的专家。

上海市职业教育协会
中职德育工作专业委员会
2020 年 7 月

目　录

鲁班魂　工匠心*

上海市城市科技学校　杨莲芸　方　莉

引言　上海城市科技学校以“鲁班文化”为德育抓手，以学生核心职业素养培养为目标，开展了校园文化品牌“鲁班文化节”的项目培育。该项目通过全方位、多层次、多渠道的鲁班文化宣传教育活动，在校园营造了浓郁的鲁班文化氛围，为广大师生成长成才创造了良好的人文环境；又通过“鲁班文化节”活动，创新了校园文化艺术的内容与形式，发挥了文化艺术育人功能；而“弘扬鲁班魂 培育工匠心”系列活动，则在引导学生传承传统工匠精神，体验和践行社会主义核心价值观，推进学生核心职业素养培养中，达成了鲁班文化的育人目标。形成了富有职教特色的、可传承的校园文化品牌。

一、项目实施的背景

中共中央办公厅印发的《关于培育和践行社会主义核心价值观的意见》明确提出，培育和践行社会主义核心价值观要从小抓起、从学校抓起。加强青少年学生思想道德建设，培育和践行社会主义核心价值观，弘扬中华优秀传统文化是培养全面发展的社会主义建设事业接班人的需要，是进行社会主义文明建设的重要条件。

从 2015 年起，学校以“鲁班文化节”为德育抓手，以学生核心职业素养培养为目标，启动了校园文化品牌“鲁班文化节”项目培育，努力将学校的中

---

* 上海市城市科技学校“鲁班文化节”校园文化品牌培育项目。

华优秀传统文化传承和社会主义核心价值观培育，与学生核心职业素养提高有机融合，并由此为基点，探索学生核心职业素养培育的模式和途径，从而形成了富有职教特色的、可传承的校园文化品牌。

二、项目实施的目标和工作思路

“鲁班文化”是中华优秀传统文化独特的名片，经过历代传承、弘扬和丰富，已成为我国职业文化的重要组成部分。特别是“鲁班文化”中蕴含的爱岗敬业、精益求精、知行合一、开拓创新的文化基因，不仅契合了新时代社会主义核心价值观的基本内容，也是新时代建筑、工程专业职业人职业素养的核心内容。因此，项目要以“鲁班文化节”为德育抓手，以学生核心职业素养培养为目标，通过大力弘扬鲁班文化，丰富校园文化内涵，并在厘清鲁班文化与中职学生核心素养之间的内在联系、寻找二者契合点的基础上，探索学生职业素养培养的途径和模式，形成富有职教特色的、可传承的校园文化品牌。

首先，通过“鲁班文化节”活动，创新校园文化艺术活动的内容与形式，发挥文化艺术育人功能，引导学生加强文化艺术修养，全面提高综合职业素养。其次，全方位、多层次、多渠道开展鲁班文化宣传教育，在校园培育和践行社会主义核心价值观，继承和弘扬中华传统文化，为广大师生成长成才创造良好的人文环境。第三，立足鲁班文化培育学生职业素养，发挥鲁班文化的育人功能，形成精品文化项目，让精益求精、追求卓越的工匠精神在学生心中生根开花，切实提高学生核心职业素养，为社会培育高素质、高技能人才。

三、项目实施的过程

（一）组织落实，成立鲁班文化节领导小组

学校成立了“鲁班文化节”组织委员会。组委会由张巨浪校长亲自担任组长，由陈雷书记、杨莲芸副校长和朱玉萍副校长担任副组长，各个专业系主任担任委员，全面负责“鲁班文化节”的规划和指导工作。同时，成立了组委会，下设文化节工作小组，以杨莲芸副校长为组长，以专业系主任和艺术教育指导老师以及班主任为成员，负责鲁班文化节的具体实施工作（图 1）。

组委会和工作小组成员在前期投入了大量时间和精力，制定了详细的实施方案和活动计划，真正做到分工有序、责任明晰，各项工作开展得井然有序，为鲁班文化节顺利召开提供了强大的保障。学校总务部门也抓紧翻新了小剧

场，使活动有了硬件支持。筹备初期，学校就通过各平台预告班主任和学生鲁班文化节的召开，全校形成了上下一心、全员参与的良好局面。

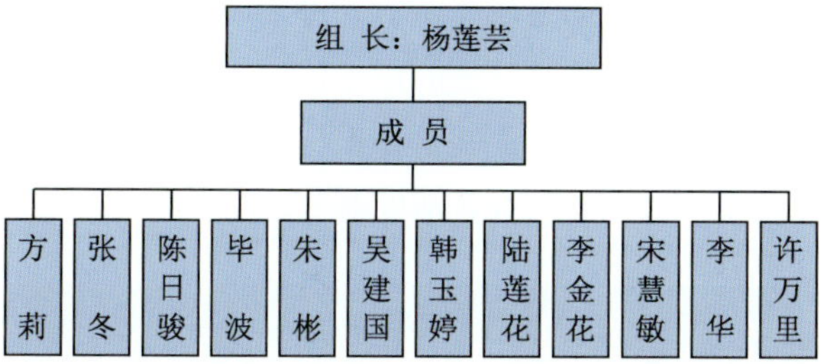

图 1 “鲁班文化节”工作小组

（二）鲁班文化节，丰富校园文化的内涵

学校精心设计了鲁班文化节开幕式。学生通过艺术形象，了解鲁班精神，感受和体验鲁班文化，增强了对中国传统文化的了解，并认知工匠精神的时代价值。

开幕式首先由校民乐队的民乐合奏《喜洋洋》拉开了文艺汇演的序幕（图 2）；紧接着，校话剧社的原创话剧《鲁班的故事》，再现了鲁班敢于创新和乐于奉献的胸怀；舞蹈社的汉服秀《汉韵霓裳》和唐代舞蹈《惊鸿舞》，演绎了我国传统民族舞蹈的轻盈、飘逸、柔美；武术社的《少年中国》则表现了中华武术的雄浑刚健、大气磅礴。最后，学校特别邀请了几位建筑工程系的优秀毕业生上台传经送宝，他们勤奋好学，分别在历届全国职业院校技能大赛上荣

图 2 民乐合奏《喜洋洋》

获金奖。毕业后他们在各自的岗位上做出了非凡成就的故事，把开幕式推向了高潮，也在同学们心里播下立志成才的种子。

开幕式当天，还开展了创意木工展及学生体验项目（图 3）。展出的木工作品都是学校“创意木工”社团学生的作品，学生体验项目也由社团学生亲自上阵辅导。学生作品展示体验，让学生在参与过程中体验了什么是精益求精的品质，什么是锲而不舍的创新精神，从而对工匠精神有了更深刻的理解。

图 3　创意木工展

（三）开展鲁班文化宣传，实现环境育人

学校充分发挥校园环境的育人功能，创设了大量鲁班文化视觉设施，让每一个场所都在传声、传情、传教中发挥文化育人、润物无声的作用。

（1）设计了形象生动、寓意深刻的鲁班文化标志和鲁班印章。标志中右边是中国风传统图案，左边是木工锯子的简洁图形，象征工匠精神源远流长。将鲁班精神以具象的形式表现出来，以此激发学生传承鲁班精神、学好专业技能的决心和信心。

（2）在学生素质活动中心润德楼周围开辟了鲁班广场，图文并茂地展现了鲁班的生平、历史功绩和人格魅力；在建筑工程系 27 号楼前树立了鲁班雕塑；在教学楼的走道和教室墙面装饰了带有鲁班文化标志的名人展示墙（图 4）。名人都是在人类历史上留下浓墨重彩的一笔的大人物，彰显着他们精益求精、追求卓越的精神。让学生每每见到都能肃然起敬，以榜样的力量，影响学生的思想、情感和行为。

图 4　鲁班广场

（3）在校园各处装点了“正德立身、砺能树人”的校训石和“精益求精”“知行合一”的励志石，以及“人人皆可成才、人人尽展其才”“劳动光荣、技能宝贵、创造伟大”的巨幅标语等，将社会主义核心价值观教育渗透校园的每一个角落，时时刻刻提醒学生要努力奋进。

（4）在实训中心引入企业的真实工作场景，营造企业文化氛围，让学生感受特有的工匠文化的熏陶，激励学生在实训中体验爱岗敬业、勤学苦练的钻研精神，感受打磨精品，追求完美的工匠品质。

（5）在学校的中心花园设置了鲁班文化长廊，多角度展现学校鲁班文化建设的成果。在绿色藤蔓的映衬下，鲁班文化作品秀、鲁班风尚秀和鲁班文化才艺秀三个板块相得益彰，不仅成为校园中一道道靓丽的风景线，而且也成了校园最重要的人文景观。

这些视觉设施，不仅诠释鲁班文化的精髓，也通过实施影响式教育，让学生在潜移默化中接受鲁班文化熏陶，起到环境育人的作用。

（四）创新校园文化项目，弘扬鲁班魂，培育工匠心

学校开展了“弘扬鲁班魂 培育工匠心”系列活动，让全校师生在体验、感受中华传统文化魅力的同时，提升对“鲁班魂　工匠心”的认识，在提升职业素养的过程中，体验社会主义核心价值观的导向作用，从而落实“鲁班文化”的育人目标。

（1）创新校园文化项目，培养学生鲁班精神。学校整合原有的各种校园文化活动，逐步形成“一会一节一大赛”的校园精品文化项目。上半年举办主题为“匠心筑梦，唱响未来”的“五月歌会”；下半年举办主题为“爱国荣校，励志成才”的“鲁班文化‘一二・九’校园艺术节”（图5）和“才艺大赛”等活动。“鲁班文化节”期间，学校还开展了《我是小小建筑匠》《我心中的“鲁班”》征文比赛、鲁班演讲比赛、鲁班的故事PPT制作比赛、“传统木结构”海报制作比赛、用环保材料制作“理想家园”创意赛、“建筑摄影比赛”等活动。这些活动为学生提供了施展才能的机会和舞台，激发了学生的学习积极性，为学生核心职业素养的培养，埋下了积极进取、努力拼搏的种子。

图5　2018年鲁班文化“一二・九”校园艺术节文艺汇演

（2）打造明星社团，实现学生多元化发展。学校成立了茶艺社、民乐社、围棋社、书画社、合唱社、舞蹈社，以及影视社等学生社团，并涌现了创意木工社、时政社、辩论赛等明星社团。其中，创意木工社在指导教师沈雪云的带领下，不仅多次成功开展了中小学生职业体验日活动，还先后获得了2015年全国职业院校技能大赛（中高职组）木工表演赛第一名、2016“挑战杯——彩虹人生”上海市大赛第三名等殊荣，也因此被评为松江区第三、第四届明星社团、上海市首批百强科技创新社团。社团活动提高了学生的职业技能和竞争合作能力，也为学生的核心职业素养提供了肥沃的成长土壤。

（3）倡导一班一品，创建特色班集体。建设班级文化、打造特色班集体，是学校德育工作的一个全新亮点。特色班集体既有诚信班、井冈山精神班、礼仪班等德育特色班，也有技精于专班、双证融通校企合作班等企业文化特色班，还有中华国学班、彩绘人生班等传统文化班，以及三味书屋班、轻羽飞扬班等兴趣专长班，形式各异、精彩纷呈，为学生的职业素养培养提供了多元的成长空间。

（4）评选鲁班文化之星，营造争先创优氛围。学校利用各种活动和比赛契机，在全校范围遴选“小鲁班”、鲁班文化之星、鲁班技能之星、鲁班诚信之星、鲁班礼仪之星、最美鲁班等活动层出不穷，营造了鲁班文化的浓郁氛围，浸润了鲁班文化，让鲁班精神深入人心。各个专业系引入竞争机制，以赛助教，以赛促学，并与社会企业合作开展系级和校级的职业技能大赛。例如，“宾得杯”职业技能大赛，汽车修复和汽车喷绘职业技能大赛，“我是职业小达人”技能比武赛等。鼓励每个学生争做“小鲁班”“小工匠”，并不断走上上海市“星光计划”、全国职业技能大赛等大赛舞台，为校争光。争优创先活动，不仅推动了学风建设，提升了学生的职业素养，也成就了学生成为“鲁班式”工匠的职业梦。

四、项目实施的成效

（一）形成富有职教特色、充满生机和活力的校园文化品牌

“鲁班文化节”将中华优秀传统文化时代化、特色化、职业化，让中华传统文化展现出永久魅力和时代风采，既营造了有利于学生成长的校园氛围，也使中华传统文化得到学生的认同和喜爱，成为学生“正德立身、砺能树人”的精神动力，促进了学生职业素养的提升。实践过程中，学校立足鲁班文化，将工匠精神培育和社会主义核心价值观教育融合，既注重社会主义核心价值观的浸润，也关注鲁班文化的实践；既注重中华传统文化的感召，也重视工匠精神的传承和共融，将文化艺术育人落到提升学生核心职业素养的实处，创新校园文化育人的模式，形成富有职教特色、充满生机和活力的校园文化品牌。2017 年 9 月，学校的“鲁班文化节”被评为“上海职教系统校园文化优秀项目”，为学校校园文化内涵建设又写下了浓墨重彩的一笔。

（二）实现文化育人目标，促进各类学生成长

“鲁班文化节”扎根于内容丰富、接受度高、认同感强的中国传统工匠文化，也契合了新时代社会主义核心价值观培育的要求。目标与实施形式符合职业学校学生的成长成才需求，调动了学生参与的积极性。学生参与面广，获得信息量大，实践活动丰富多彩，促进各类学生提高发展，是学校鲁班文化节的特点。学生也在参与中提升了自信心。鲁班文化节开展后，学校对在校生进行了抽样调查。在问卷调查中有一题“参加鲁班文化节，你觉得自己有哪些变化?”的选项中，得票率从高到低依次为“变得比以前自信了”（86 票），“人际交往能力得到提升”（82 票），“组织能力提高了”（68 票）。在调查访谈中，

学生的正面情绪明显提高，更为悦纳自己，更有自豪感，更有了刻苦学习、立志成才的主动性，从而为学校形成积极向上、努力争先的学习风气，起到了重要作用。

（三）创新校园文化活动，培育学生工匠精神

学校将鲁班文化熏陶和工匠精神培育落实到各专业学生职业技能的培养中，激发了学生对专业的热爱和对工匠精神的认同，促进了学生勤奋学习、苦练技能的自觉性，学校涌现出一大批优秀的“小鲁班”。例如，我校11级建筑装饰专业的学生纪盼盼，在指导教师沈雪云的悉心教导下勤学苦练，2015年在全国职业技能大赛，荣获中高职费斯托木工大赛木工展示项目的最高奖优秀奖。2015年，创意木工社团荣获首批上海市学生科技创新社团；2016年，木工社团的陆梁宏和张佳豪两名学生，在第44届世界技能大赛中国选拔赛精细木工项目上脱颖而出，双双入围国家队集训名单，张佳豪更是在第44届世界技能大赛中国邀请赛上力压群雄，摘得桂冠，披着国旗走上了最高领奖台，陆梁宏也因此被评选为2016年全国“最美中职生标兵”；2017年，学校在第7届上海市“星光计划”职业技能大赛，荣获9枚金牌、11枚银牌、22枚铜牌的历史最好成绩，在2017年全国职业院校职业技能大赛，荣获8枚银牌、5枚铜牌，在第13届全国“文明风采”大赛，荣获一个三等奖，三个优秀奖。鲁班文化育人模式，实现了弘扬中华优秀传统文化和践行社会主义核心价值观的相互融合与促进，取得了丰硕的成果（表1）。

表1　2019年全国职业院校技能大赛上海市城市科技学校参赛获奖一览表

序号	专业大类	赛项名称	赛制	指导教师	参赛学生（班级、姓名）	获奖等第
1	土木水利类	建筑设备安装与调控（给排水）	团体赛（2人）	刘恒娟	117181 李　阳 116021 刘　洋	一等奖
2	加工制造类	电气安装与维修	团体赛（2人）	葛根波	316101 李　康 316101 罗　凯	二等奖
3	加工制造类	电气维修保养	团体赛（2人）	葛根波 汪　迎	317101 闫光耀 318101 陈　冲	二等奖
4	交通运输类	汽车营销	团体赛（2人）	韩攀峰 张　艳	217071 向茴林 217071 韩　颖	二等奖
5	加工制造类	数控综合应用技术	团体赛（3人）	黄　铧 陆莲花	616163 宋文杰 616163 李　健 616163 熊大旗	三等奖

（续表）

序号	专业大类	赛项名称	赛制	指导教师	参赛学生（班级、姓名）	获奖等第
6	土木水利类	工程测量	团体赛（4人）	张　冬 纪青云	117182　沈丹青 116181　周　涛 117182　陈　浩 116181　丁　威	三等奖
7	土木水利类	建筑装饰技能	团体赛（2人）	钱竹君 叶瑞根	117021　陈鑫桐 116021　唐建辉	三等奖
8	加工制造类	新能源汽车检测与维修	团体赛（2人）	刘桦锐 张　岩	217051　熊仕兵 217051　牛永森	三等奖
9	土木水利类	建筑智能化系统安装与调试	团体赛（2人）	刘恒娟	117181　金仕礼 117011　王　哲	三等奖

五、项目实施后的展望

任何事物的发展都是一个循序渐进与完善的过程，我校鲁班文化的建设也是万里长征刚刚迈出的第一步，还略显稚嫩。为了将来更好地把鲁班文化切实做大、做强，真正做成上海乃至全国知名的校园文化品牌项目，我校还将从如下三个方面着手提升。

第一，要致力于学校、社区、企业、家庭等教育资源的开发，挖掘优秀传统文化的当代价值，推动优秀传统文化载体的研究挖掘整理、整合与规范，建立健全鲁班文化的发展机制。

第二，要加大资金投入，调动广大师生的积极性和创造性，为鲁班文化的发展提供坚实的物质基础和人力保障。

第三，鼓励创新与竞争，做到群策群力、百舸争流，不断创新校园文化类别，将鲁班文化“做专”“做特”“做精”“做细”，再创佳绩，真正成为校园精品文化项目。

汲百草精华　立德修身成长*

上海市医药学校　茅燕萍

引言　上海市医药学校结合学校专业特点，构建以“百草文化”为特色的校园大德育体系，让学生“汲百草精华，立德修身成长”，是适合医药行业中职学生身心发展规律的德育模式。“百草文化”所构建的德育体系，将课程建设、仪式教育和实践活动有机融合，将社会主义核心价值观培育与中华优秀传统文化教育贯穿在学生在校生活的全过程，全方位培养学生的工匠精神和职业素养。在实施方法上，注重理论与实践相联系，注重过程中的熏陶和习惯养成，从理念、实践到习惯形成一个具体的循序渐进的过程，创新了学校德育的模式，亦拓展了学校德育的内容和外延，对中职校德育工作具有实践指导意义。

一、项目实施背景

上海市医药学校在三十七年的办学历程中，坚持育人为本、德育为先，积极响应上海市教委、上海市中等职业学校德育专委会的要求，对学生全面开展中华传统文化和社会主义核心价值观教育，结合医药学校的专业特色，逐步积累并形成了具有医药行业特征的“百草文化”校园文化体系。

“百草文化”取“尝百草济世，护佑苍生健康；学百草奋发，潜心研习耕读；汲百草精华，立德修身成才”之意。按照学校专业设置形成五大系部的“一系一特色”“三礼三节”的校园文化格局。2015 年，申报成为市级“社会

* 上海市医药学校“百草文化”品牌培育项目。

主义核心价值观和中华传统文化教育品牌培育项目”；2016 年，申报成为“上海职教系统校园文化建设优秀项目”。在“百草文化”精神引领下，学校努力把“百草文化”建设成为具有医药行业特征的、可持续发展的校园特色文化，切实发挥校园文化的育人功能，促进校风、学风的根本好转。

二、项目实施目标和规划

把立德树人作为学校教育的根本任务，坚持育人为本、德育为先。围绕“百草文化”项目建设，落实“两教”品牌培育。通过全员参与，全方面浸润，努力培养满足上海经济社会发展的、高素质的技术技能型人才。让我校学子像青青百草一样活力芬芳、竞相绽放，在上海市医药学校这座特别的百草园里茁壮成长，梦想起航。

构建和实施“百草文化”大德育体系：通过顶层设计，分步推进，课程建设，仪式教育和“百草文化节”等方法和途径，将传承中华传统文化教育和培育社会主义核心价值观渗透在校园文化建设中；切实发挥校园文化育人功能，使学校育人环境得到改善，促进校风、学风的根本好转，人才培养质量明显提升；使“百草文化”精神成为学生终身发展的原动力。

三、项目实施过程

学校在“百草文化”建设过程中，沿着顶层设计、分步推进、形成体系、实践体验、总结升华的发展轨迹，并逐步完善，使校园文化在学校发展、学生素质教育中发挥显著的作用。

（一）顶层设计、分步推进、形成体系

从立德树人的根本目的出发，立足学校发展实际，对校园文化进行顶层设计，依次制定校园文化三年发展规划、年度工作计划和校园文化项目方案，并分步组织实施，使校园文化具有计划性、系统性的特点，保证了校园文化方向的一致性、目标的统一性和成效的显著性。

精心布局中华传统文化教育的战略方案，在学校层面形成校园文化节、科技节、艺术节、体育节等大型校园文化活动，在专业层面形成专业文化特色（图 1）。例如，生物技术制药系深入挖掘中华传统文化经典，形成以“读古训”为主要内容的国学教育形式；制药技术系有礼仪培训的深厚功底，以“行古礼”为主要研习方向；药剂系则贯穿中药文化和养生技艺，以“习古技”为

主要教育内容；国际教育系的唱诗班红红火火，把传统词曲与英语相结合，把“唱古曲”演绎出新模式；德体艺系师生艺术特长出众，“跳古舞”办得有声有色；学校还根据学生意愿自由组合了学生社团活动，让学生在团队活动中学习合作与创造，提升学生的职业素养。全方位的顶层设计和实施推进，使校园文化呈现出欣欣向荣的新格局。

图 1　上海市医药学校诗词演讲赛

（二）夯实特色校园文化基础

为夯实特色校园文化基础，学校除了开设教育部规定的“4＋1”德育课程外，还开发并实施了校本课程教材系列。由两大模块组成：一是由德育选修课程体系（校本开发）、社团课程体系（校本开发）和特色主题班会课程（校本开发）等理论课程构成；二是以“百草文化”读本、《社团活动画册》、网络课程等综合实践类活动课组成。特色课程体系的构建，夯实了特色校园文化基础，丰富了百草文化的教育资源，也通过“总有一款适合你”的设计理念，实现了学生全员参与校园文化活动的目标。

（三）培养学生的医药职业道德与职业素养

学校根据学生在校三年的学习历程，先后举行了蕴含浓郁中华传统文化的入学礼、成人礼和毕业礼，统称“三礼”，构成了一套完整的仪式教育体系。“三礼”活动覆盖全校所有学生，贯穿学生在校生活的全过程。让学生在以“立德、修身、仁爱、济世”为主旨的中华传统医药文化的长期熏陶下成长、成才。

入学礼作为新生入学教育的重要组成部分，融入感恩教育和自律意识教育。通过学生向老师“释菜”并献上贺卡，学生向老师行“拜师礼”并诵誓言以明志等环节，教化着学生尊师重道，珍惜受教育的机会；而“开智”“明志”环节，则通过老师为学生在额间点上朱砂，意寓开启智慧，传达着老师们对新生的美好祝愿。师生相洽，动静有序，营造了尊师重道、积极向学的校园文化氛围，为新生入学开好头。

成人礼围绕关爱生命这一主题，传播以冠礼、笄礼为代表的中华传统礼仪文化，倡导“仁爱、诚信、精技、合作”的药校精神，让学生明白成人的意义与未来作为一名医药工作者的使命担当与责任。

2015 年 4 月，学校第一次在二年级学生中开展了复原汉代礼仪的集体成人仪式（图 2）。同学们穿上精美的汉服，亲身经历庄严隆重的成人仪式。在司仪的引领下，仿佛穿越数千年时光，校长身着汉服对同学们寄予殷殷期盼，备受学生敬重的师长为同学们加冠加笄。当一顶顶华冠加诸顶上，当一枚枚簪笄插在发间，冠笄的重量仿佛落入了学生的灵魂和心间，昔日稚嫩的面孔上多了一份庄重、一点坚定。接着，集体宣读成人誓词：“巍巍中华，浩浩其行。赐我荣光，降我大任……”古朴的成人誓词回荡在仪式现场，也浸润在学生心间。

图 2　集体成人仪式

成人礼结束后，学校还举行了具有药校特色的医药行业入行仪式（图 3）。在入行仪式上，同学们将上药集团的徽章佩戴于左胸前，宣读入行誓词：“怀仁爱之心，做诚信之事，用精技之能，尽合作之力，关爱生命，不造假不作假！随时准备为广大人民奉献一切，永不背叛自己的良心！”

图 3　医药行业入行仪式

毕业礼仪以感恩教育和责任教育为主题，学子们向恩师行“拜谢礼”，校长、老师为学生授毕业帽，学生与家长互致心声。

“三礼”活动作为学校德育形式的一种新尝试，取得了极大的成功。学生在传统文化的浸润中，学国学经典，受圣贤感召，体验文明礼仪，感恩爱国情怀，不仅增强了文化底蕴，也实现了学生、教师和家长的和谐互动与共同成长。

（四）全面提升学生职业素养

“百草文化节”是我校为践行社会主义核心价值观和传承中华优秀传统文化，体现“真诚、笃实、乐群”的价值理念，围绕“德技行天下”的校训，为培养学生的理想信念、公民素质和健全人格，全面提升学生职业素养而开展的一系列教育活动的重要载体。

“百草文化节”由汉文化嘉年华、百草文化之诗词大会总决赛、百草文化之“一系一特色”以及 15 级汉家成人礼四个板块组成。其中，汉文化嘉年华互动体验项目，包括能工巧匠类——手工发簪制作、团扇绘制；妙趣横生类——投壶、抖空竹；琴棋书画类——手绘京剧脸谱、书写校训、弈棋、弹琴；博古通今类——飞花令、孔明锁；广采众方类——中药材识别、磨药、包药、常见病症状与合理用药体验等 5 项，让学生近距离接触医药文化，感受中

图 4 百草文化节

华医药文化的魅力和医药行业职业道德与行业规范。“百草文化节”主题实践活动，让学生体验了中华技艺的精美绝伦，了解医药文化的博大精深，使学生在参与中认识自我价值，明确社会责任，培育工匠精神，提高职业技能和职业素养中发挥了积极有效的作用。

四、 项目实施成效

（一）“百草文化”品牌使“两教”深入人心

社会主义核心价值观是中国特色社会主义的本质体现，中华优秀传统文化是涵养社会主义核心价值观的重要源泉。以中华传统文化为基底的“百草文化”，把学生的成长作为校园文化建设的出发点和落脚点，将社会主义核心价值观培育与中华优秀传统文化教育贯穿于学校生活的全过程，并结合我校特点与实际，在落细、落小、落实的原则下，将中医药文化、国学文化经典、传统礼仪教育相融合，实现传统文化熏陶与职业技能培养同步进行，促进学生的职业素养全面发展，创新了学校德育的内容和外延，使“两教”能更深入持久地影响着学生职业生涯的发展

（二）特色校园文化培养复合型人才成果丰硕

“百草文化”以内容丰富、寓教于乐、形式新颖、贴近专业、贴近学生、满足需求等特点，吸引了学生的积极参与，有效改善学校的校风和学风。学校各系处的“一系一特色”主题活动，特色鲜明、专业性强，适应了学生技能发展的需求，在提升学生综合素质和职业能力方面，取得了丰硕的成果。在第十二届全国文明风采大赛中，我校学子获得 1 个一等奖，2 个三等奖。在由上海

市教育系统关工委中职分会、上海市中等职业学校德育研究会、青年报社等联合主办的“薪火长征你我共传承”2016 沪中职校学生纪念长征主题系列作品征集活动中，我校学生荣获 2 个一等奖，2 个二等奖，3 个三等奖。校健美操队在全国和上海市各级各类比赛中屡获佳绩，其中，2016 年在世界啦啦操锦标赛中荣获第 11 名的好成绩。

（三）形成特色的百草文化节品牌起到辐射效应

因形式新颖、特色鲜明，百草文化系列活动接受了《人民日报》（海外版）、《新民晚报》等媒体记者的采访，也得到了各级领导、兄弟学校的好评。上海市教委德育处副处长江伟鸣说，上海市医药学校百草文化节暨汉家成人礼仪系列活动，展示了学校在上海市“两教”品牌项目培育方面所取得的丰硕的成果，不但给人耳目一新的感觉，更给参与者深刻的启迪和可借鉴的经验。观礼的家长也对学校的百草文化相当认可，认为青少年在活动中接受传统文化的熏陶，有助于他们认识自我价值，明确社会责任，培养敢于担当的品德。参与活动的主体——我校学生，更是在活动后的调查反馈中表示，通过各类活动增长了成人责任意识，学习了行为礼仪规范，接受了国学文化熏陶，培养了职业素质，这些都将对自己的人格发展和职业生涯发展起到积极的作用。

五、项目实施后的展望

“百草文化”品牌培育项目的实施取得了很好的成效，今后学校将把学生的成长作为继续推进的出发点和落脚点，在落细、落小、落实的原则下，结合我校特点与实际，将中医药文化、国学文化经典、传统礼仪教育相融合，提炼出百草文化精神，通过系列活动和文化节的形式加以呈现，将社会主义核心价值观教育融于中华优秀传统文化教育之中，立德树人，促进学生的全面发展。百草文化系列活动因内容丰富、寓教于乐、形式新颖、贴近专业、贴近学生、满足需求等特点，吸引了全市、全国其他中职校前来参观学习，产生了很大的影响。学校将努力把“百草文化”的实践成果逐步向全国、全市各社区、兄弟学校进行推广，以起到示范引领的作用。

打造“龙狮”特色文化 提升学生职业素养*

上海市材料工程学校　江　君

引言　上海市材料工程学校秉承“厚德强技、励志笃行”的校训，按照“多才艺、有担当、能适应”的培养目标，结合上海市教委“社会主义核心价值观教育和中华优秀传统文化教育品牌项目培育”和学校学生软技能提升项目建设工作，为学生搭建传统文化教育平台，打造学校“龙狮”文化特色品牌；培育学生“团结和谐、坚忍奋进、开拓创新”的龙腾精神，开展丰富多彩的“龙狮文化”教育实践活动，让学生在传承和弘扬中华优秀传统文化的过程中，践行社会主义核心价值观，培育职业精神，提升专业技能，促进职业发展。学校形成了“龙狮”特色校园文化品牌，扩大了教育的覆盖面，提升了学校的影响力。

一、项目实施背景

2014年开始，学校结合上海市教委“社会主义核心价值观教育和中华优秀传统文化教育品牌项目培育”要求，结合学校学生软技能提升项目建设工作，开展“龙狮”文化特色品牌项目的研究和实践。2015年7月，学校成功申报市教委和中职德育研究会开展的“社会主义核心价值观教育和中华优秀传统文化教育品牌项目培育”项目，为学校的“龙狮”特色校园文化建设奠定了基础。由此，学校专门成立了由校长挂帅、学生处具体负责，班主任、德育教

---

* 上海市材料工程学校“龙狮”文化品牌培育项目。

师以及专业教师共同参与的学校“龙狮”文化项目建设工作组。旨在通过“龙狮”特色校园文化品牌建设，引导学生在传承和弘扬中华优秀传统文化的过程中，践行社会主义核心价值观，提升专业技能，促进职业发展，实现培养“多才艺、有担当、能适应”的育人目标。

二、项目实施目标和工作思路

“龙狮文化”精神是中华传统文化的精髓，也是社会主义核心价值体系的重要源泉和文化根基。“龙狮”特色校园文化品牌培育，以中华传统文化教育为主线，以践行社会主义核心价值观为落脚点，结合学生软技能培养，将学校“龙狮”特色文化建设与学生职业精神培育相结合，提升学生职业技能，促进职业发展，实现培养“多才艺、有担当、能适应”的目标。

通过组建校龙狮队和打造“龙狮”文化群，弘扬“吃苦耐劳，团结协作”的民族精神，提升学生职业素养；以丰富多彩的主题教育活动为载体，深化“龙狮文化”内涵，引导学生在实践中培育“团结和谐、坚忍奋进、开拓创新”的龙腾精神，培育学生的职业精神；拓展龙文化育人功能，让学生在传承和弘扬中华优秀传统文化的过程中，践行社会主义核心价值观，提升专业技能，促进职业发展，达成育人目标。

三、项目实施过程

（一）组建“腾飞”龙狮队，搭建传统文化教育平台，提升学生职业素养

2014 年 9 月，学校结合特色示范校“基于学生综合素养的软技能提升”项目建设工作，在学校机电一体化专业学生中组建校舞龙舞狮队，搭建传统文化教育平台。旨在通过龙狮队建设，让学生在训练中体验中华民族“龙狮文化”精髓，提高学生身体素质，培养学生吃苦耐劳、团结协作的职业素养，促进学生软技能的全面提升和职业生涯的可持续发展。

学校领导对“腾飞”龙狮队（图 1）的建设工作高度重视，为提高训练质量，还特邀素有“龙王”之称的上海市舞龙队总教练陆大杰担任学校龙狮队的总教练。陆老师在“腾飞”龙狮队训练过程中，耐心地讲述龙狮文化的起源和发展，让学生了解和感受这项民族优秀传统文化，真心喜欢上这门极具特色的民族民间艺术。

龙狮队里的学生大多都是“90 后”，平时习惯于父母的宠爱，在体力和耐

图 1　校"腾飞"龙狮队队员风采

力等方面有所欠缺。在每次 2 小时的训练过程中，队员们都要完成速度、耐力及舞龙舞狮技巧等方面的训练，有时遇到高难度动作，还要进行倒地练习，这些对于学生的体力和意志力来说都是极大的挑战。面对这些困难，有的学生曾想过放弃，但是一条完整的龙需要 10 名队员共同努力才能舞动起来，一头狮子需要 2 名队员的共同合作才能跳跃起来，如果有学生因为怕苦怕累临阵退缩，将会影响到整个团队。

在"龙狮文化"的精神感召下，龙狮队的学生都选择了坚持。他们很快进入角色，齐心协力，团结一致，攻坚克难。每次一个连贯动作做下来，队员们都衣裤湿透、大汗淋漓，手也被撑杆磨红磨破，但是他们仍然咬紧牙关，坚持到最后。学生在舞龙舞狮的项目实践中，既提高了身体素质，磨炼了意志，促进了情感、认知、技能等方面的协调发展，又培养了学生吃苦耐劳、自信勇敢、团结协作的精神品质，促进了学生职业素养的提升。

（二）打造"龙狮"文化群，营造民族文化氛围，培育"龙腾"精神

近年来，学校在龙狮队建设的基础上，加大对民族社团和民族特色表演队的建设力度，打造龙狮文化群，在校园营造民族文化氛围，以中华优秀传统文化中的"龙狮文化"激励熏陶学生。在此基础上结合中华传统文化教育和社会主义核心价值观培育的要求，提炼出学校的"龙腾"精神，即"团结和谐、坚忍奋进、开拓创新"。"龙腾"精神，不仅高度诠释了社会主义核心价值观的基本内容，而且深化了"龙狮文化"的内涵，使中华传统文化的精髓根植于学生心田，成为学生立志传承中华优秀文化传统，掌握专业技能，报效国家和社会的精神力量。如今，学校陆续开设的28个学生社团中，近三分之一是具有民族特色的社团。学校每年举办有关京剧、相声、快板、书法等民族文化讲座，校民族舞蹈队、腰鼓队、武术队的学生每年在学校开展的“艺术节”“体育节”活动中施展才艺，在市教委组织的“璀璨星光”“文明风采”等大赛中展现风采，为校争光。为进一步拓展龙文化教育功能，学校将校“腾飞”龙狮队的故事拍成微电影，在全校学生中进行典型宣传，弘扬“龙腾精神”，为学生树立榜样。学校民族类社团深受学生喜爱，“龙狮”文化群已初具规模，校园民族文化氛围浓厚，这为学校“龙腾”精神植入学生内心打下了坚实基础。

（三）开展多层次教育活动，开拓专业实践平台，提升学生职业技能

学校以主题班会为载体，把“龙狮文化”引入课堂教育，通过校本课程文化、校园文化、班级文化和课堂文化等领域对学生开展全方位、立体式的“龙狮文化”的熏陶和引领，力求将龙狮文化的精髓，通过职业技能的培养，逐步渗透到学生的学习意识和学习行为中，促进学生职业技能提升，使“龙腾”精神内化于心、外化于行。全校近1 000名学生在参与主题教育活动和校民族特色表演队日常训练中，感受龙狮文化的精髓和传承文化，促进技能发展。通过实践活动，学生对“龙腾”精神有了更深刻的理解（图2）。

图2　以主题班会为载体，弘扬龙腾精神

学校还组建了以“我设计、我制作”为主题的 iDesign 专业社团，学生在老师的指导和鼓励下，将龙图腾文化应用到作品的设计创作中，开展了扎染、蜡染、T恤彩绘、扇面作画、龙印章篆刻、绘画等既有专业技能又有龙文化特色的展示活动。学生在创作的过程中，查阅了大量龙文化资料，加深了对龙文化知识的了解，提升了专业技能和创新能力，学生的思想道德素养和职业素养也在实践活动中不断升华。

近年来，iDesign 专业社团的学生在老师的带领下走进社会，走进田林中学，参与田林中学青花蜡染扎染创新实训室的室内设计，开展龙图腾蜡染扎染社会实践活动等，营造了中职学生“奉献、友爱、互助、进步”的成长氛围。学生将所学专业知识运用到社会实践服务活动中，在传承扎染这项民族文化的同时，也提高了自己的专业设计水平和实践能力。龙文化元素融于创作设计作品的过程，是凝聚学生聪明智慧、体现学生自我价值的最好见证，也为促进学生在传承和弘扬中华优秀传统文化的过程中践行社会主义核心价值观，提供了实践平台（图 3）。

图 3　iDesign 专业社团作品展示

四、 项目实施成效

（一）传承民族精神，促进学生职业素养提升

学校的“龙狮文化”，不仅为学生搭建了提升职业素养的传统文化教育平台，也引导学生在传承和弘扬“吃苦耐劳，团结协作”的民族精神过程中，践行社会主义核心价值观，促进职业素养提升。如今，“腾飞”龙狮队经常受邀参加社会各界活动（图 4），如上海市民文化节徐汇专场开幕式表演，中职学

生运动会开幕式演出，相关兄弟学校的运动会展演及社区文化节演出等。龙狮队学生参与创编的微电影《龙狮小子在成长》还获得了上海市“未来杯”学生微电影大赛二等奖（图5）。学校“腾飞”龙狮队参加上海市学生龙文化全能赛，荣获龙狮比赛高中组龙狮传统套路一等奖，并被授予“道德风尚奖”（图6）。学生变得比以前更加阳光，自信，快乐。

图4　校龙狮队参加非遗文化进社区活动演出

图5　微电影《龙狮小子在成长》获市二等奖

图6　校龙狮队学生参加上海市学生龙文化大赛

（二）实践"龙腾精神"，促进学生职业发展

学校倡导的"龙腾精神"，以中华"龙狮文化"为基点，以践行社会主义核心价值观为落脚点，将"龙腾精神"培育与学生职业技能提高相结合，在提高材料学子的民族文化素养同时，为学生的成长和发展提供精神动力。实践证明，这个教育模式适应了学生成长发展需求，也激发了他们学习专业技能，提高职业发展能力的热情，提高了学校德育的有效性。近年来，一批批优秀学生从龙狮团走了出来，他们中有的成了单位的骨干力量，有的成了行业的技能高手。"龙腾精神"成了许多学生求职过程中的重要敲门砖，在职业生涯中又成了他们成长的重要推手。

（三）形成校园文化品牌，扩大教育覆盖面和学校影响力

学校积极整合社会力量，有意识、有目的地吸引学生家长、专家、社会各界人士参与校园"龙狮文化"建设，逐步形成学校、家庭、社会共同参与学校文化建设的良性互动机制，并将建设成果辐射周边，不断提升、增强学校文化教育的辐射功能，扩大教育覆盖面和学校影响力。

学校还采用"走出去，请进来"的方式，积极开展校内外交流展示活动。组织相关老师和学生赴兄弟学校参加"社会主义核心价值观教育和民族文化培育"交流互访活动，相互学习，相互借鉴、相互启发、分享建设成果。让师生在体会"龙狮文化"精髓中，不断内化为自身的意识和行为，向着更高的目标前进。

2015 年 11 月，校龙狮队成员沈逸辉受邀参加了中职德育研究会举办的上海市中职学生主题教育论坛，作为学生代表向现场全体中职生传播龙文化，弘扬"龙腾"精神。

2016 年 5 月，学校面向社会、家长、兄弟学校，开展"龙文化"校园展示日活动，展示了学校近年来在"践行社会主义核心价值观，弘扬中华民族传统文化"等方面的建设成果，展现了材料学子的风采，让学生成为龙文化的传播者。

学校作为成功申报市教委和中职德育研究会开展的"社会主义核心价值观教育和中华优秀传统文化教育品牌项目培育"创建工作的五所学校之一，积极开展校园龙文化建设，并将建设成果以龙文化校园展示日活动的形式，与社会及兄弟学校分享，将龙腾精神带来的效应辐射周边。此外，学校注重活动资料的积累，收集了各类具有民族特色的学生作品、相关影像资料及编制画册等，丰富了学校的教学资源库。

五、项目实施后的展望

学校在“传承中华文化弘扬龙腾精神”方面做出了一些成绩，“团结和谐、坚忍奋进、开拓创新”的“龙腾”精神已根植于学生内心。学生学会了坚持和承担，软硬技能、职业素养得到大幅提升。但有些方面还有待进一步完善，比如，龙文化教育的平台和功能还需要进一步拓宽，目前学校依托专业的民族社团数量还不够多等。

接下来，我们将与各专业部门进一步研究、探讨和搭建更宽、更广的龙文化教育平台，开发龙文化校本教材，让更多的学生受益。同时，要把龙文化不断向社会及周边辐射，以期带来更好的推广价值和社会效应。

通达的信息时代　丰富的媒体平台*

上海信息技术学校　朱佳皓

引言　上海信息技术学校构建的“数字媒体德育在线教育平台”，以多元化和动态化的信息传播，让师生在开放的社会环境中，得到社会主义核心价值观和中华优秀传统文化的滋养；以交互式和多媒体学习的优势，有效激发学生自主学习和参与意识，满足师生和家长在线学习和互动交流的需求；以丰富的教育内容和教育途径，突破了学校德育的时空限制，提高了德育的有效性；也使学校的中华优秀传统文化教育和社会主义核心价值观教育从传统的“因为教，所以学”向“基于学而设计教”的方向转向，实现学校德育方法论意义上的转变。

一、项目实施的背景

为进一步贯彻落实《中等职业学校德育大纲（2014 年修订）》提出的德育目标，探索富有新时代特色的社会主义核心价值观与中华优秀传统文化教育的新途径，学校借助“数字媒体德育在线教育平台”项目，探索和开发在“互联网 +”环境下，适合学生自主学习的在线教育平台的构建方法、在线教育内容和平台的管理模式等，通过开发和研究，形成上海信息技术学校“数字媒体德育在线教育平台”文化品牌。

二、项目实施的目标和整体构思

以立德树人为统领，按照培育和践行社会主义核心价值观的要求，充分利

* 上海信息技术学校“数字媒体德育在线教育平台”文化品牌培育项目。

用“活动育人、管理育人、网络育人”的有效途径，把项目建成教育模式创新、教育内容系统前沿、学习形式开放共享的在线教育平台。

一期建设，构架动态化、开放性、共享型的在线教育平台，形成独具特色的德育教育资源共享的信息服务平台，并面向全市中职学校开放，实现中职德育教育资源共建共享，发挥项目的品牌效应和示范引领作用。

二期建设，基于学生的学习需求，设计教育栏目和内容，为学生展现丰富的社会主义核心价值观，并以中华优秀传统文化教育资源为主线，满足学生在线学习和多样化学习需求，创新学校德育教育模式，实现德育方法论上的突破。

三、项目实施的过程

（一）构架“数字媒体德育教育在线教育平台”

“数字媒体德育在线教育平台”（图 1）是基于互联网 B/S 构架，建设流媒体技术与网络通信技术相结合，适应多样化学习需求的数字化、开放性、共享型的德育教育资源信息服务平台。通过平台的开发与应用，满足教师、学生、家长在宽带互联网和移动互联网环境下使用 PC、iPad、iPhone 和 STB 等终端设备，进行在线教育和自主学习的需求。平台并不局限于校内用户使用，还面向全上海中职学校和社会，用户只要登录网站进行注册，便可以方便快捷地获取平台中的学习资源，实现中职德育教育资源共建共享。

图 1 数字媒体德育在线教育平台主页

为了使公共资源在该平台得以分享呈现，在设计之初，学校考虑到使用设备的多元化，因此平台影视支持所有的流媒体格式，无须格式转换，操作方便简捷。平台还具有资源实时采集录制功能，师生可在平台上采集资源，创作生成新的教学课件，存储在网络中供教师、学生和家长在线点播学习。平台还提供搜索和关键字检索功能，方便教师、学生和家长以最快捷的方式找到自己需要的资源。

用户点击资源和参与学校活动的时间与频次，都可以在平台上生成大数据进行实时统计，为真实了解用户的关注重点和校园热点，提供了有力的数据支撑平台。后台管理系统也为学校智能化教学管理和教学诊断与改进，提供了可靠的数据监测与分析，提升了学校德育工作的针对性和有效性。

（二）丰富德育教育资源，促进信息技术与教学深度融合

“互联网＋”时代，信息技术特别是宽带网络和新媒体技术已成为新一轮学习革命的主要载体，为传统教育教学和学习模式的变革创新、跨越式发展提供了崭新的空间。因此，在二期建设中，学校将德育模式从传统的“因为教，所以学”转向“基于学而设计教”，以顺应新时代学生的学习方式。从学生自主学习的角度，构建德育教育资源，将建设重点放在优质教育资源的组织和共建共享、信息技术与教育教学的深度融合，在教育信息化科学发展机制方面开展了深入研究和探索，实现了学校德育方法论意义上的转变。

学校通过购买资源、开发校本课程资源、建设校内微课程等形式，在平台上为学生提供精品课程、微课、微电影、教育场景和各种德育模拟活动等各类社会主义核心价值观和中华优秀传统文化优质教育资源，为学生自主学习提供了随时随地可取阅的信息资料，也为班主任及主题教育授课教师备课提供了基础素材（图 2）。

新增　审核▾　删除▾　查询　显示▾　移动　复制▾　CDN▾　课程安排▾

		编辑	资源ID	名称	审核	有效期	分类名称	分集	点播
1	☐		152	《核心价值观讲坛》			理想信念	14	139
2	☐		121	历史文献纪录片《筑梦中国》			理想信念	7	36
3	☐		127	大型电视政论片《百年潮·中国梦》			理想信念	5	16
4	☐		130	《国魂》 社会主义核心价值观			理想信念	3	7
5	☐		137	《劳动铸就中国梦》			理想信念	6	3
6	☐		133	社会主义核心价值观			理想信念	13	47
7	☐		103	提高学习力前沿讲座（唐曾磊）			理想信念	10	70

图 2　优质教育资源

为使社会主义核心价值观和中华传统文化能真正让学生“入脑、入心”，学校还根据学校德育目标和学生的学习方式的转变，在平台上设置了理想信念、中国精神、传统文化、名师讲坛等栏目，并形成环环相扣的教育系列。每个栏目既展现中华传统文化的博大精深，又分专题充分挖掘中华传统文化中所蕴含的社会主义核心价值观精髓，引导学生进行系统学习和研究；还在平台上呈现了与真实环境相近的模拟场景，真实再现中华民族源远流长的革命史和奋斗史，使学生“足不出户”就能身临其境地感受和体验，让学生在参与学习中感悟中华传统文化的魅力和社会主义核心价值观对人生的指导作用。从学生上网搜索和栏目的点击率统计来看，近两年来点播播放次数达到11 172次，点播播放总时长达到73 152分钟，平台资源受到学生普遍认可。

以学校开展班团主题教育为例，无论是中国特色社会主义和中国梦教育，还是社会主义核心价值观教育，又或者是具有职业教育特色的立足岗位、奉献社会的职业理想教育，都能在平台上找到合适的学习内容。为配合学习十九大报告精神，平台还及时更新了诸如《强军》《领航》《大国外交》《法治中国》《榜样》等一系列专题纪录片，在第一时间上线供师生自主学习。

四、项目实施的成效

（一）学校德育突破了时空限制

“数字媒体德育在线教育平台”使学校的中华优秀传统文化教育和社会主义核心价值观教育突破了时空的局限，学生可随时在线学习，也可以通过BBS、E-mail等实时聊天工具向老师和同学请教。而学校也可以利用这个平台，将各种教育资源超越校园范围传输，让所有学生随时随地受到高质量教育。

例如，《开学第一课》作为中央电视台面向全国中小学生打造的公益节目，其所选教育主题不仅紧扣时代脉搏，呈现方式也深受广大青少年和家长的喜爱，是学校新学期开学教育的高质量教育素材资源。然而，由于受到播出时间的限制，学校要组织全校学生共同观看该节目，在时间和场地安排上难免会有冲突。平台的点播功能，为学生弹性安排观看提供了有效保障，使公共资源得以充分、有效的利用（图3）。

对于人数规模较大的学校而言，要组织全校学生共同参与特定大型活动不仅场地安排不易，学生参与交互体验感也难以有效保证。传统拉线广播、电视台音画转播仅仅实现了信息的单向传播，却忽略了对象的反馈与感受。而“数字媒体德育在线教育平台”就解决了这一痛点，学校的个性化活动通过该平台可实现人人参与互动交流。学校重大活动、重要会议讨论、课堂教学现场以及

图 3　点播《开学第一课》

教育电视节目、践行实况等活动都可以不受设备和场地的局限，进行实时同步转播。家长也可以通过该平台同步了解孩子在校参与活动的情况，这不仅促进了家校间的互动交流，也有助于家庭教育与学校教育更为紧密地衔接与互动。

（二）激发学生主动学习的积极性

“数字媒体德育在线教育平台”运用信息化手段开展德育工作，以学生为主体，提供多元互动的学习环境，其资源丰富，信息量大，学习资源以文字、图像、动画，声音等数字化呈现，知识和资源直观且具有艺术感染力。学生既可以在线上自主学习，也可网上协作学习，还可以人机互动随时测试对知识的掌握程度。这样的学习模式，适应了“互联网＋”时代学生的学习习惯，激发了学生主动学习的积极性，促进学生由被动学习向主动学习的转变(图 4)。

学校利用平台大数据分析，整合各种德育资源，及时为学生推送有针对性的学习资源，实现优势资源充分利用。学生在平台上学习讨论，参与学校公共事务和各类德育实践活动，既提高了学习的效率，也培养了学生的自主学习能力。例如，学校化工专业学生，通过平台自主学习化工行业职业道德与行业规范知识，并在网上完成相应的实践课业，从而缩减了教师在课堂中讲授、解释知识概念的时间，使课堂从原本“讲授知识—接受知识—理解知识—应用知识—研究实践”转变为更为集约高效化的“应用知识—研究实践”模式。

图 4 激发学生的积极性

（三）丰富了学校德育工作的方法

“数字媒体德育在线教育平台”是学校运用信息化手段开展社会主义核心价值观培育和中华传统文化教育的探索与实践。它不仅加强了大数据时代信息化手段在德育领域的应用，也兼顾了德育教育、德育管理、教师科研、家长需求等各个方面，丰富了学校的德育手段，优化了德育过程和德育环境。学校由此形成了线上、线下，课内、课外，全员、全程育人的新局面，使学校德育更有针对性和实效性，实现了德育教育的良性互动。

学生用“形象、生动，既有现实案例指导，也可对问题追根溯源，能激发学习兴趣”来评价平台的作用。“以前备课，在网上搜索一天也未必能找到合适的教学素材，而现在网络平台提供的在线课程及强大资源包，都是精心挑选整理的优质资源，拿来就可用，为我们节约了大量的时间。”一名教师体验后兴奋地说。

五、项目实施后的展望

随着互联网技术的不断升级，学校数字媒体平台系统需要不断优化与升级，内容资源也需要呈现更多的学校原创作品。在未来的平台建设中，学校将鼓励和加大教师与学生资源建设的能力和力度，并且通过项目建设不断提升社会主义核心价值观教育和中华优秀传统文化教育资源的呈现方式，逐步引入虚拟现实科技与信息平台的对接，使资源的趣味性进一步得到体现和发展。

此外，充分调动学生积极性参与平台资源建设，也是后续建设需要重点关注和实施的部分。比如，学校每周将现有的“社会实践社团”在各类公众网站发布视频作品，后续若在数字媒体资源平台开放学生作品专区，将更好地拓宽学生专业发展与兴趣培养展示途径，同时实现资源统一管理，为学校文化资源管理提供有效保障。

互联网时代，学生已然进行着改变，而我们的教育模式也已开始了变革，并迎合新时代发展需求产生变化。在平台的推进建设中，学校的教师队伍将进一步对专业资源进行系统性梳理与整合，学校的教师能力也将在“互联网+”教育的背景下有新的提升和综合技能的长足发展。

弘扬国粹文化　书画精彩人生*

上海科技管理学校　宋荣民

引言　为了进一步深入推进社会主义核心价值观与中华民族优秀传统文化教育，延伸和提高中职校师生学习中国书画的热情，2016 年年底由我校牵头，联合其他八所中职学校，共同开展了“弘扬中华优秀传统文化，第二届上海市中职校校际书画巡回展”活动。巡展得到了师生的积极响应和高度赞扬，也得到了社会各界的广泛支持和关注。通过这一活动，让更多师生近距离感受优秀作品的魅力和接受中华书画文化精神的熏陶，进一步普及和推广师生对学习书画的热情，使参与人数更多，受益面更广。

一、项目实施背景

中国书画犹如一幅蕴含了数千年中华优秀传统文化的长卷，弘扬书画文化体现了中华民族的文化自信。上海科技管理学校为了贯彻落实关于弘扬中华民族优秀传统文化的精神，2013 年起，在学生中开设了“润墨书法社”。通过培育校园书法特色社团、开设专题讲座和师生作品展示等活动，以走出去、请进来等形式，弘扬中国书画优秀传统文化，将中华优秀传统文化、社会主义核心价值观教育融入校园德育工作过程中，提升广大师生爱祖国、爱传统文化的热情，提高了学生的人文素养，并取得了可喜的成果。为了进一步深入推进社会

* 上海科技管理学校“中华书画巡回展”文化品牌培育项目。

主义核心价值观与中华民族优秀传统文化教育，延伸和提高中职校师生学习中国书画的热情，2014 年年底由我校牵头，联合其他八所中职学校，共同开展了“弘扬中华优秀传统文化，第一届上海市中职校校际书画巡回展”活动。巡展得到了师生的积极响应和高度赞扬，也得到了社会各界的广泛支持和关注。为延续巡展的良好效应，2016 年，我校又联合了其他八所学校，成功举办了第二届中国书画巡回展。

二、 项目实施目标和整体思路

（一）项目实施目标

通过巡展活动，使中职校师生更多地了解和感受中国书画艺术博大精深的文化内涵，促进和普及中国优秀传统文化，向人书俱佳的书画家学习，陶冶性情、锤炼品格，不断提高人品修养；在寓教于乐中提高对中国书画的兴趣，提高爱祖国、爱传统文化艺术的热情；扩大人文素养教育的社会影响力，逐步培育学生的人文素养和道德素养，使社会主义核心价值观与中华优秀传统文化教育落到实处；同时，进一步促进校际在德育工作和师生之间的学习交流与合作，进一步探索学校德育工作的方法与途径。

（二）项目实施思路

以各校书画社团和师生书画爱好者为基础，以书画社团活动为载体，以丰富的校园文化生活为抓手，在各校组织宣传和开展活动，通过教师的精心指导和学生的勤学苦练，选拔一批立意较高、质量上乘的作品推荐给巡展的组委会。组委会组织专家进行评审，最后确定进行巡展的优秀作品，并为作品写出鉴赏评语。在此基础上，安排作品到各校巡展。通过巡展活动，让更多师生近距离感受优秀作品的魅力和接受中华书画文化精神的熏陶，进一步普及和推广师生对学习书画的热情，使参与人数更多，受益面更广。

三、 项目实施过程

经我校与上海市第二轻工学校、上海市公用事业学校、上海市环境学校、上海市医药学校、上海市西南工程学校、上海信息技术学校、上海市材料工程学校、上海市信息管理学校等八所学校共同商议，确定了巡展的具体实施方案。主要分为以下两个阶段。

（一）作品征集的筹备阶段（2015 年 12 月中旬—2016 年 5 月）

1. 作品征集（2015 年 12 月中旬—2016 年 12 月 20 日前）

作品征集对象和形式包括九校师生的优秀书法（软笔、硬笔）、绘画（中国画、油画、素描）、篆刻作品（印章、版刻）。每校遴选出 15～18 幅作品，以中国画和篆刻为主，油画和素描总数不超过 6 件。作品送交上海科技管理学校进行整理和归类，共征集作品 300 多件。

2. 作品评选（2015 年 12 月—2016 年 1 月）

聘请著名书画家作为专家评委，对作品进行评选，选出参展作品 100 幅左右，其中，优秀作品一等奖 3 名、二等奖 6 名、三等奖 9 名，其余为入围奖。作品评选标准，重点突出和体现中华优秀文化的传承和社会主义核心价值观，其次是不同类别作品的代表性和创作质量。

3. 作品的整理、装裱、编辑、出版（2016 年 1 月—3 月）

制作《上海市中等职业学校十校书画、篆刻巡回展师生优秀作品集》（各校选送作品全部刊登）。

（二）优秀作品的巡展阶段（2016 年 3 月—5 月底）

1. 开幕式

巡展于 2016 年 3 月 21 日正式开展。同时，进行了隆重的开展仪式。出席开幕式的有 17 位书画专家（巡展活动聘请的艺术顾问）、九校领导及师生代表、社会各界人士和新闻媒体单位，共 400 多人。开幕式上，向新增的 11 位艺术顾问颁发了聘书（原已聘 19 位艺术顾问），九校领导、师生代表作了发言，6 位艺术顾问登台进行了剪纸、泥塑、书法、绘画等现场创作表演，三校艺术社团和原闸北区文化馆艺术表演队进行了民族舞表演。

2. 巡展及公开展示

2016 年 3 月—5 月底，作品在各校展出一周。在这期间，由资深书画大师、名师在各校开设书法知识讲座（讲座内容涉及中国历代书画、篆刻代表人物和流派的历史背景、创作特点、如何鉴赏等知识），并对书画、篆刻爱好者进行面对面指导。同时，各校组织全体学生进行参观。2016 年 6 月 1 日—10 日，作品在原闸北区海上文化中心向社会公开展示 10 天。

3. 闭幕式

2016 年 6 月 10 日，在原闸北区海上文化中心举行了闭幕仪式。闭幕式上，回顾并总结了活动过程，师生代表作了参展体会发言，并向获奖师生颁发了奖状和奖品（图 1）。

图 1 优秀作品巡展闭幕式

四、项目实施成效

巡展活动得到了上海市教委相关职能部门和上海市职业教育协会中等职业学校德育工作委员会的关心和指导，得到了《书法报》《书画研究》杂志、原静安区文化宫等单位，以及上海知名艺术家、新闻媒体的大力支持和帮助，取得了圆满成功，在各校产生了热烈的反响。巡展活动的成效主要体现在以下四个方面。

（一）拓展人文素养的培养，提高了德育教育的有效性

中国书画和篆刻这种艺术形式，其魅力在于寸斗方间彰显着中华传统优秀文化。通过巡展活动，在寓教于乐和于无声处浸润学生爱中华传统文化艺术、爱祖国的热情，潜移默化中拓展了学生人文素养的培养，多途径提高了德育工作的有效性。

（二）中华优秀传统文化的教育落细、落实、落小

巡展活动主题明、立意高、形式新、层次高，以弘扬中华优秀传统文化为主题，以中国传统书画为主线，以覆盖广的巡展为载体，以知名书画家艺术顾问团队为后盾，集展示、讲座、创作、点评、宣传等为一体，从形式和内容上创新和提高了德育工作的方法和途径，把中华优秀传统文化的教育落细、落实、落小。

（三）参与活动师生多，持续效应长，教育覆盖面广，社会影响大

巡展活动从筹备到巡展，历时 6 个月之久。活动送交作品 300 多幅，参展作品109件，参观师生10 000人次左右，并向社会公开展示一周。《书法报》《青年报》、上海教育电视台等新闻媒体都做了相关宣传报道。同时，还出版了《第二届上海市中职校校际书画作品集》、制作了《第二届上海市中职校校际书画巡回展》影像片，一方面充分展示了中职校师生的人文艺术素养，另一方面也使中职校师生受到了一次中华优秀传统文化的熏陶。

（四）与书画大师面对面交流学习，艺术修养得以显著提高

巡展活动过程中，广大师生不仅自身参与创作，同时得益于艺术顾问团大师们的耐心辅导和讲解，以及现场的创作表演和示范，书画创作水平和艺术素养明显提高，巡展的一些作品和选手在其他的比赛中多次获奖（图2）。

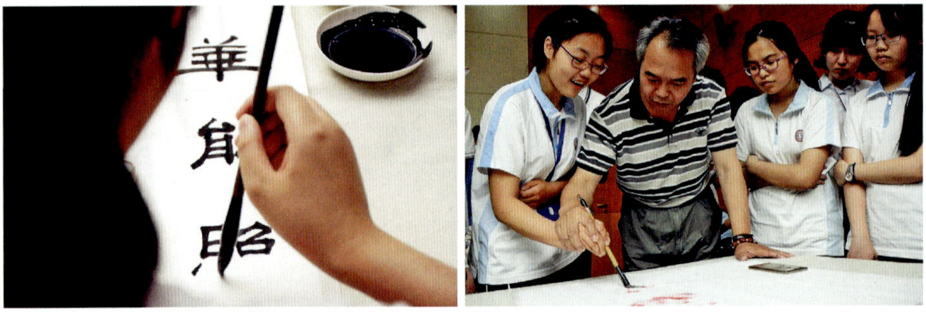

图2　艺术顾问团大师辅导学生作品

五、项目实施后的展望

巡展活动的成功举办，扩大了中华优秀传统文化的感召力，提升了广大师生学习中国传统书画的热情，提高了职业学校师生的人文素养水平，并在社会上产生了一定的影响力。在此基础上，为进一步展示职校人弘扬中华优秀传统文化的责任与担当，呼应广大师生的热切希望，持续推进巡展活动的后发效应，不辜负社会各界的殷切期盼，我们将紧紧围绕弘扬中华优秀传统文化这一主题，不断提升中职校书画社团的水平，不断扩大书画巡展学校的数量，坚持每年举办一届巡展活动，从而使中华优秀传统文化的精华覆盖面更广，受益人数更多，影响力更大。

点燃工匠之魂　点亮匠心之路*

上海市南湖职业学校　杨　柳　周　绮

引言　近年来，上海市南湖职业学校制订和实施了“匠道计划”，在学生中广泛开展学习工匠精神的活动，让工匠劳模走进校园，让工匠劳模精神深入人心，引导学生摒弃浮躁，宁静致远，坚守“初心”，并促成职业心境的从容淡泊，把更多的时间投入专业的学习与发展，让工匠道路成为每个学生追求的方向，培育学生的工匠之魂，为将来成为每个行业的工匠打下基础。

一、项目实施的背景

中职教育，除了要教授学生知识和技能之外，更重要的是承担着育人的职责。近年来，我校学生在各项技能大赛中取得了骄人的成绩，许多学生凭借努力靠一技之长走上社会或进入高校继续深造。在这些学子身上，我们不仅看到技能的“炫目”，还看到了做人之道的闪光。

2016年，李克强总理在政府工作报告中说，“要鼓励企业开展个性化定制、柔性化生产，培育精益求精的工匠精神”。当下，“中国制造”正在向“中国智造”强力迈进。作为未来职业人的中职生，除了需要有精湛的技能，更需要践行“工匠精神”，做到脚踏实地、追求卓越；摒弃浮躁、宁静致远；执着专一、精益求精，一步一个脚印，艰苦磨炼技能，不断攀越，走向精致，为中国腾飞做出积极担当。

* 上海市南湖职业学校“匠道计划”文化品牌培育项目。

2017 年，我校制订和实施了“匠道计划”，在学生中广泛开展学习工匠精神的活动，让工匠劳模走进校园，让工匠精神深入人心，让工匠道路成为每个学生追求的方向，培育学生的工匠之魂，为将来成为每个行业的工匠打下基础。

二、项目实施的目标和工作思路

（一）项目实施的目标

本项目通过与劳模合作，把工匠精神引进校园，用工匠精神培育南湖学生的精神和品德。

一是认同核心价值观。使学生了解“工匠精神”的真正含义，提升他们对于自身专业追求的良好认知，舒缓他们的压力与浮躁的情绪，提升他们追求“初心”、不断钻研自身专业、不断精益求精的意愿与行动。

二是培育匠道精神。使学生对劳动光荣的认知有显著进步，具有爱岗敬业、无私奉献的孺子牛精神；专心专注、精益求精的鲁班精神；百折不挠、坚韧不拔的苦行僧精神；传承技术、追求卓越的时代精神。

三是提升职业素养。使学生运用工匠实事求是的精神，选择适合自己的职业发展方向；用工匠精益求精的精神，提高自己的专业能力；用工匠吃苦耐劳的精神，提升自己的社会竞争力，最终实现个人的可持续发展。

（二）项目实施的工作思路

本项目的实施是采用小组工作、主题社区活动、专题讲座、社工驻校、多元化的典型企业实地走访、与劳模面对面等方式，通过劳模事迹学匠心、劳模技能练匠艺、劳模情怀做匠人、劳模鼓励习匠作四个环节，学习和践行劳模精神，引导学生摒弃浮躁，宁静致远，坚守“初心”，并促成职业心境的从容淡泊，把更多的时间投入专业的学习与发展中，培育南湖学子创业创新、追求一流的南湖品质。

三、项目实施的过程

（一）高屋建瓴悟匠心，模块教育践匠道

“匠道计划”通过劳模事迹学匠心、劳模技能练匠艺、劳模情怀做匠人、劳模鼓励习匠作四个环节，学习和践行劳模精神，并通过四个模块的实施来完成。这四个模块的实施可根据实际情况进行适当的调整，并穿插进行，同时通

过全校性的主题班会及日常专业学习、工学交替、社会实践、顶岗实习等途径，引导学生以实际行动践行工匠精神，提升职业素养。

模块一："识匠识道"合作小组

"初识"匠道。了解以匠道著称的劳模精神，引导组员讨论、分享，重点厘清新时期背景下劳模匠道精神的不朽意义。

"劳模话匠道"。引入劳模进入小组，与组员开展互动，讨论中职生素养与劳模匠道精神之间的联系和内涵（图 2）。

"画说匠道"。以"我与匠道"为主题，采用绘图的方式，开展组员个人情况分析及愿景描述，进一步厘清组员自身对匠道的理解。

"匠道 TALK SHOW"。以"我心中的匠道"为主题，引导组员开展微型脱口秀，并据此开展讨论与分享。

模块二："工匠之道"工作坊

"公益之道"。通过参与公益活动，使学生了解奉献精神的重要性，加强他们的志愿服务意识，并引导学生结合"匠道精神"进行思考，使他们意识到"工匠精神"也包含"公益之道"，提升学生不断钻研的意愿（图 1）。

图 1　参与"公益之道"的学生志愿者

"自我之道"。通过工作坊的开展，使学生能够从更多元化的角度审视自我、反思自我，发现自身存在的压力与负面情绪并加以疏导，将能够应对压力的能力运用到专业学习之中，加强学生提升自身专业的抗压能力（图 2）。

"坚韧之道"。通过工作坊的开展，促使学生了解凡事贵在坚持的意义，加强他们的良好认知，协助他们了解从"学生"到"工人"到"专业能手"到"专家"并最终成为"匠师"的过程，促进学生良好品质的培养。

模块三："匠心独具"主题讲座

邀请全国劳模为学生开展主题讲座，使学生了解劳模成长的心路历程，体会钻研专业的乐趣与成就感，并鼓励学生坚持探索专业，提升专业能力，最终成为"匠师"之路（图3）。

图2　"工匠之道"工作坊

图3　"匠心独具"主题讲座

模块四："劳模匠魂"实地体验，与劳模面对面

前往知名大型国企参观、学习，与劳模面对面，了解目前的科技创新成果与"中国智造"的最新趋势，促进学生对于"中国智造"以及"工匠精神"在企业等实际层面的体现，发现并发掘自身所学专业的优势、价值以及自身潜能，进一步加强学生对于专业学习与探究的兴趣及意愿。

（二）坚守初心臻胜境，劳模匠魂触心弦

2017年6月，我校组织40余名匠道班的学生到洋山深水港上海盛东集装箱码头有限公司，进行为期一天的实地参观体验，学生们第一次与劳模面对面，近距离感受工匠精神。

当身着职业装的学生们一下车便受到了此次一起参与活动的上海市劳模协会的12名老劳模的啧啧称赞。盛东公司的党委副书记兼工会主席亲自担任讲解，带领学生参观洋山的建设过程图片展，还介绍了公司在开港以来所取得的傲人成绩，一代洋山人艰苦奋斗的精神深深地感染了在场的每一个人。然后，师生们有幸在港区车辆的引领下，深入港区近距离参观码头，一个个硕大的集装箱、一艘艘装满集装箱的巨轮、码头忙碌的景象，以前所未有的冲击力震撼着师生们的心灵，让大家第一次真正感受到中国智造的魅力，感受到科技创新与工匠精神结合的妙不可言。

最让学生有感触的是盛东公司的一名普通桥吊司机，他就是全国劳模、全国优秀共产党员、党的十九大代表张彦。张彦和师生们进行了 2 小时的分享互动。他是一个平凡而又不平凡的 80 后上海小伙子，没有帅气逼人的外表，没有让人惊愕的高学历。但他却在自己平凡的工作岗位上，做出了惊人的业绩：曾先后四次打破集装箱桥吊装卸作业效率世界纪录，获得了一系列荣誉称号，还编写了以自己名字命名的桥吊操作规范，在全公司推广使用。张彦在与大家分享了自己成长经历和心路历程的过程中，数次获得了热烈的掌声。随后的讨论以世界咖啡屋的形式进行，12 名上海市老劳模和张彦一起来到各个小组，与小组师生进一步互动，大家一起讨论工匠精神，一起分享经历，一起探讨困惑，学生们获益匪浅。

巧与拙，进与退，谦逊和霸气，平凡与伟大，一个匠人能具备的各种特质在张彦和劳模身上神奇地融为一体。大家看到了这些普通劳动者是如何不改初心，用匠心精神，用扎实的态度，追求完美和极致，在工作中展现出他们特有的最美风采。

“只把一件事做好”“明天做得要比今天好”“不断努力做得更好”“无论走得多远，都不该忘了为何出发”……这是匠道班的学生们在一天活动后最深的感受。相信这些感受会鼓励和引领他们今后刻苦学好专业，提升专业能力，努力走好成为“匠师”之路。

四、 项目实施的成效

“工匠精神”不是口号，它应存在于每一个人心中。在项目实施的过程中，学校通过多种形式和途径让学生了解并不是每个人都能成为行业的工匠，但是每个人在自己的职业生涯中，在平凡的工作岗位上有所成就、有所创造，就必须具有“工匠精神”和“劳模精神”。因此，我校“匠道计划”的实施，将知识传授、技能传授与“工匠精神”的培养融为一体，不仅使学生有一技之长，还帮助学生树立崇高的职业精神和坚定的职业信念。张彦、包起帆、杨怀远……一个个身边的劳模在平凡工作中践行工匠精神的实际经历，让学生们更深刻地感受到了劳模精神和工匠精神的巨大力量，在耳濡目染后真正触动了心弦，并努力做到以高标准严要求对待自己的学习和技能训练，以一丝不苟、精益求精的态度对待自己、对待职业。

近年来，学生不仅从价值取向上认同“工匠精神”，更能身体力行，使自身的专业技能和综合素养不断得到提升，从而提高了就业的适应力和竞争力，形成学生职业发展的良性循环，促进学生的可持续发展。2017 年，我校毕业生就业率达到 99.61%，学生素养备受企业好评。学生参加全国职业院校技能大赛及上海市星光大赛屡获佳绩，仅 2017 年就收获数字影音后期制作全国大赛一等奖及上海市星光大赛一、二、三等奖合计共 63 个奖项。

学校以“匠道计划”实施为契机，以“劳模工匠精神进校园”为有效路径和平台，让劳模工匠精神流淌在学生血液中，鼓励南湖学子用勤劳的双手、过硬的技能、扎实的行动创造不凡的成绩，让每一名学生都有人生出彩的机会。

五、项目实施后的展望

孔子在《论语·学而》中有云“如切如磋，如琢如磨”。劳模工匠的成功离不开对工作的热爱、对工作的亲力亲为、敢于担当，离不开对工作的勤勤恳恳、兢兢业业、敢于负责，离不开对工作细致入微的投入和执着，更离不开对工作任劳任怨的无私奉献。只有耐得住寂寞，耗得了时间，才能成大器。对中职生来讲，技能是今后在社会中的生存之道、立足之本，更是将来担当建设国家重任的资本，而这一切都建立在工匠的职业精神之上。失去职业精神，就不可能获得精湛的技能。因此，职业教育在传授学生专业技能的同时，必须帮助学生树立劳模工匠精神，培养精益求精的品质。

真正的工匠精神是专业精神、职业态度和人文素养的有机统一。学校将继续把培育学生的工匠精神作为职业教育的灵魂与抓手，把“劳模工匠精神进校园”作为校园文化建设的重要内容，以培育工匠精神为核心，积极营造弘扬工匠精神的氛围，将工匠精神纳入思想教育、各类主题活动、社团建设和实习实训中，融入职业素养课程中，融入日常管理中，继续探索将优秀的企业文化与校园文化相融合，构建“工匠”多元培养模式，将学生工匠精神的培养融进人才培养全过程，锤炼一流的南湖人的品质。

弘扬工匠精神，打造技能强国。南湖职校，这朵充满了美好梦想的职教之花，一定会绽放得更加绚丽辉煌。

青春，在“校园奥斯卡”舞台上闪光*

上海市公用事业学校　杨剑飞

引言　上海市公用事业学校紧贴“互联网+”时代，在前七届德育短片活动的基础上，精心打造“校园奥斯卡”微电影节文化活动。以体验式德育模式这一创新载体，营造积极向上的校园文化氛围，有效提升了学生的自信心、职业素养和人文素养，为进一步弘扬社会主义核心价值观，加强校园文化建设增添了丰富的形式，同时也为教师创新德育教学提供鲜活素材。这一创新性的德育模式，不仅获得了沪上多家主流媒体报道传播，也在沪上多所初中学校巡讲展示，扩大了德育延伸效应。

一、项目实施背景

德育是每一所中职学校的重要工作。由于中职学生这一群体的特点，使得如何正确、有效地引导中职学生树立信心、积极向上、激发潜能是中职校德育工作必须面对和思考的问题。我校在开展德育工作的实践中也面临着一些具体的问题：首先，学校长期以来以工科专业为主，学生的人文素养和文化内涵相对欠缺；其次，由于历史原因学校办学场地狭小，因此很难提供足够空间开展丰富多样的德育活动。为了破解以上难题，学校积极探索创新，扬长避短，在“体验式德育”的指引下，在特色示范校建设的带动下，通过精心打造校园“奥斯卡”微电影制作、评选和展示活动，成功搭建了德育的新平台，不仅丰

---

* 上海市公用事业学校校园微电影节文化品牌培育项目。

富了学校“体验式德育”的形式，展现了校园新生活，传递了校园正能量，而且对引导学生积极向上的人生观和价值观、提升学生的自信心和综合素养起到了良好的成效。

二、项目实施目标与思路

2014年，习近平总书记就加快职业教育发展作出重要指示。他指出，要树立正确的人才观，培育和践行社会主义核心价值观，营造人人皆可成才、人人尽展其才的良好环境，努力培养数以亿计的高素质劳动者和技术技能人才，让每个人都有人生出彩的机会。

在“立德树人，笃学精技”办学理念的引导下，我校经过数年积累，于2016年打造以“校园奥斯卡”命名的微电影节。这不仅是我校多年德育短片活动的积累和延伸，更是我校创新性提出“体验式德育”模式、推进校园文化活动的有效载体。

（一）以微电影为载体，运用“互联网+”平台，提升学生的创作技能和人文素养

运用学生喜闻乐见的微电影这一载体，让学生带一双能发现美的眼睛，寻找身边充满正能量的人、事、物，营造积极向上的校园文化氛围；开展各类微电影技能培训，提升学生制作微电影的技能；在活动中丰富学生的体验和感悟，培养健全的人格和良好的道德品质，有效提高各方面的人文素养。

（二）创新“体验式德育”模式，学生通过自主体验，收获价值认同感，提高德育实效

通过参与微电影制作，亲自体验多维度、多层次、多元化的每一个环节，进一步增强学生的自我意识，在感受自我的过程中，产生对自己、学校、社会的强烈认同感；同时，在增强自我意识的过程中，促进道德素养的发展，使德育教育真正实现内化于心。

（三）激励师生共同成长，为教师德育课程提供鲜活素材

在微电影的创作和制作过程中，师生关系成为一种民主、平等、和谐的合作交流关系。通过共同愿景，师生双方相互交流、相互启发、共同分享彼此的经验、知识和情感，从而实现师生的共同成长。同时，为一线教师和班主任传递创新型德育教育理念，丰富德育教育形式。

三、项目实施方法与过程

“校园奥斯卡”微电影节历时一年，贯穿学校全年多项校园文化活动中。全员参与，挖掘师生身边的正能量故事；组建专家团队，开展各类培训，掌握微电影制作技能。正式创作阶段，学生在剧本创作、拍摄、后期制作等过程中，学到了不少专业以外的技能。微电影的评审和表彰阶段，严把微电影题材价值取向，重视思想性、道德性，弘扬校园主流文化。

（一）全校动员，寻找身边正能量故事

团支部评选、推荐。校团委通知各班级团支部结合学生在学习、生活、实习实训中发生的优秀案例，由班级初选，向校团委提交最具代表性的“魅力中职生”成长故事1篇，以及呈现其内容的相关人或事的照片1张。

校团委评审、展映。校团委对团支部推荐材料进行审核，并根据具体事迹，形成“诚信之星”“志愿之星”“工匠之星”“学习之星”“干部之星”五个类别，以电子显示屏、宣传栏展板和“魅力中职生”风采录等方式在校园内进行优秀案例故事展播，分享学生成长经历中的正能量，传递社会主义核心价值观。

（二）才艺展示，秀出中职生真我风采

征文演讲比赛，讲述魅力故事。各团支部以评选出的魅力中职生案例故事为题材，反复打磨形成演讲稿，参加学校征文演讲比赛，讲述身边“魅力中职生”故事。校团委组织专家、教师评选出一、二、三等奖，并予以表彰奖励。

才艺展示比赛，秀出魅力风采。在征文演讲比赛获奖的基础上，鼓励学生多角度展示自身艺术修养、文体特长、兴趣爱好和朝气蓬勃的精神风貌（图1）。以舞台情景剧、才艺展示等方式进行“魅力中职生”魅力展演，在传承中华优秀传统文化的实际行动中，不断提升学生的人文素养和道德素养。校团委组织专家、教师根据学习及多方面表现，评选产生十佳“魅力中职生”，并在学校广泛宣传。

（三）组建专家团队，开展各类培训，掌握微电影制作技能

组织微电影拍摄技能培训。结合学生微电影制作水平现状，聘请专家从剧本编写、摄像技巧、剪辑处理等多个方面进行微电影编剧、制片、剪辑等知识培训，整体提升学生微电影制作的水平（图2）。

图 1　才艺展示比赛现场

规范微电影制作程序。校团委制定并形成层层递进、井然有序的微电影制作程序，特别注重在学生拍摄微电影的过程中社会主义核心价值观的有机渗透。

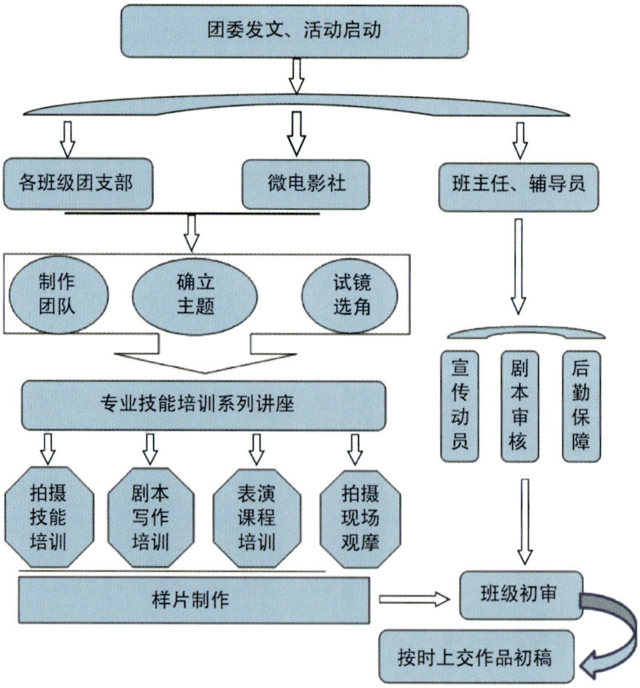

图 2　校园微电影作品制作程序

（四）成立制作团队，确定主题，自编自拍，提升素养，成为校园文化的引领者

从剧本创作的过程中我们发现，学生以“00后”视角讲述正能量故事，题材丰富，有的与专业相联系，有的讲述职业精神，有的与日常志愿者活动相结合，展示志愿者精神等不同角度的人物和故事。

学生通过自主选择，参与微电影台前或幕后的工作，每个人都能找到自己感兴趣的位置，发挥自己的优势和特长。在整个自编、自导、自演、自拍的过程中，不仅学会了微电影拍摄制作技能，而且从中学会了团队合作、吃苦耐劳等优良的职业精神，提升人文素养（图3）。

图3 《球·心》微电影收官照

（五）评审表彰，引导正确价值取向，弘扬积极向上的校园文化

组织评审，严把价值导向。由校团委、学生会组织评选，聘请专家对作品提出修改意见，反复优化，确保获奖微电影作品的质量。评选过程中，我校严把“德”关，要求参赛作品必须具有积极、健康的主题（图4）。

表彰宣传，营造良好舆论氛围。举办校园微电影颁奖典礼，在红毯秀和颁奖等充满仪式感的活动中，集中展现中职生的自信风采和校园正能量（图5）。在这一过程中，学校注重营造良好的舆论氛围，邀请沪上多家主流媒体对活动的台前幕后、创作团队进行报道和宣传。

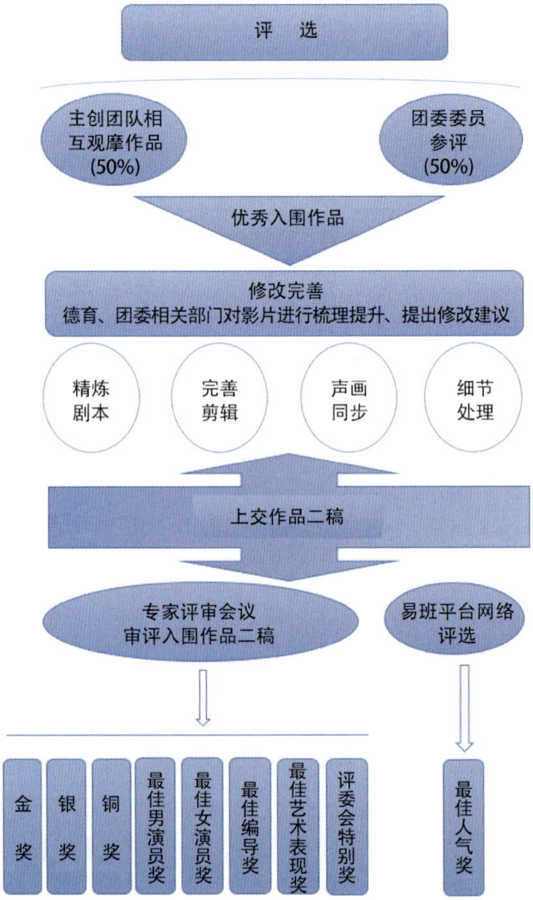

图 4　校园微电影评选程序图

图 5　校园微电影节颁奖现场

四、项目实施成效及经验

（一）创新德育模式，使社会主义核心价值观教育落到实处

互联网时代，“微电影”以容量小、意境深、传递快等优势，迎合了学生的需求。学校及时把握住这个趋势，将思想政治教育工作渗透到这个新载体中，让中职生在活动中潜移默化地接受教育，激发正能量，引导他们主动去发现美、追求美、实现美。学生团队拍摄了反映职业精神的《听风少年》、反映志愿者精神的《一米阳光》等作品，并借助校园微信公众号等载体进行传播，起到了很好的教育作用，有效促进了社会主义核心价值观的弘扬。

“微电影”成为提高学生才艺技能、提升职业素养的重要载体。由学校交通轨道专业学生团队创作的《听风少年》，讲述了轨交实习的学生在实习过程中刻苦钻研技能，有效避免事故发生的故事。编剧和参演者都是学校轨道专业的学生，他们用自己的微电影作品诠释了对自己专业、对坚持不懈、对精益求精“工匠精神”的理解，使社会主义核心价值观教育落到实处。

（二）体验式模式，创新德育教学模式，实现了校内外课堂“无缝对接”，使社会主义核心价值观教育生动活泼

“微电影”这个新的教育形式与中职生学生的特点和需求很好地结合起来。在师生共同参与的整个过程中，教育主体由单一主体转为双主体，从教师为主转为师生双主体共同开展教育；教育效果从“要我做”变为“我要做”，由单向“灌输”转为双向互动。

制作完成的一批优秀微电影作品，现已走进课堂，成为班主任、辅导员进行德育课程的鲜活素材。同时，微电影使课堂教学加速向校外课堂拓展，有效创新了校外课堂内容，学生参与热情高涨，部分学生从对学习的消极被动转向兴趣盎然。实践教学找到了最生动鲜活的载体，实现了校外课堂与课堂教学的“无缝对接”，使社会主义核心价值观教育生动活泼。

（三）微电影作品获各界认可，凸显社会主义核心价值观教育的示范引领效应

“校园奥斯卡”微电影节吸引了众多媒体的关注。先后有《青年报》《新民晚报》、新华网、上海电视台等 18 家媒体对活动进行报道。东方卫视著名主持人陈蓉表示：“微电影节让同学们有机会用镜头来讲述青春故事，希望同学们认真感受身边的人和事，为自己的青春点赞。”《听风少年》《一束阳光》等优秀微电影作品，不仅在全校各班进行展播，创作团队还走进中学进行了数场“匠心筑梦”巡讲活动，在展映优秀作品的同时，学生向初中生讲述了拍摄电影背后的故事、对职业的理解等，起到了很好的示范引领作用。

同时，《听风少年》《一束阳光》等优秀微电影在“全国文明风采大赛微电影项目”、共青团上海市委员会暑期实践项目中均斩获大奖。学校通过丰富的活动经验，承办了上海市第十二届、十三届全国文明风采大赛上海复赛微视频项目，有效提升了师生的综合素养。市教委副主任王平评价：“作为一所非影视艺术专业的职业学校，公用事业学校举办校园微电影节，正是该校创新学生德育的方式，拓展学生德育平台的有益探索，也是推进体验式德育的重要抓手。”

五、项目实施后的展望

校园文化是学校个性魅力与办学特色的体现，更是学校为适应新时代需求、培养高素质职业人才的内在需求。“校园奥斯卡”微电影系列主题教育活动顺利展开，和连续开展七年的“三分钟德育短片”评选活动的品牌积淀，极大地丰富了学校校园文化建设的内涵，使学生对学校、社会、家庭中的真善美产生了价值认同，提高了他们的综合素养；教师和班主任通过这一活动得到启示，不断创新教育教学的形式，使德育工作更贴近学生的需求；通过这一活动的展示，社会各界对于中职校学生有了更多的认可。

当然，作为一所工科类中职校，在活动的具体实施过程中还存在一些不足，如剧本创作如何更加凸显校园主流文化，宣传途径和形式如何更加丰富，影片在拍摄过程中的管理环节和制作技术如何进一步细化和提高，等等，这些都有待深入思考和提升。

今后，学校将把“校园奥斯卡”这一德育品牌活动持续举办下去，让职业学生的青春在“校园奥斯卡”舞台上闪光。

传龙狮技艺　承文化精神
展自我风采　创学校品牌*

上海船厂技工学校　毛海杰　陈伟东

引言　上海船厂技工学校在开展中华优秀传统文化教育的过程中，坚持以立德树人的精神为指导，以“狮跃龙腾进校园”的活动项目为抓手，以学生社团建设为基础，以丰富校园文化为重点，以提升学生人文素养为目标，在学生中开展舞龙舞狮活动。活动的参与人数多、受益面广、参与热情高涨、影响力大，取得了很好的成绩，找到了一条把中华优秀传统文化教育落细、落小、落实的途径。

一、项目实施的背景

在开展中华优秀传统文化教育的过程中，我校始终在思考和寻找一种学生喜欢、乐于参加的活动载体，弘扬和传播中华优秀传统文化，浸润学生的心灵，根植于学生的大脑，提升学生的人文素质，使中华优秀传统文化教育落到实处，真正取得实效。中国传统的舞龙舞狮运动是中华民族五千年灿烂文化的重要组成部分之一，有其特定的文化底蕴，具有鲜明的中国文化特色。学生通过参与舞龙舞狮活动，在学习技艺的过程中，可以潜移默化地接受中华优秀民族文化的精髓，感受民族文化与精神的伟大力量，深化对中华民族悠久历史和优秀文化的认同感，激发弘扬民族文化的热情，提高思想道德素质和科学文化素养，从而增强民族自尊心、自信心和自豪感。同时，舞龙舞狮本身是一个集武术、舞蹈、音乐、技巧等综合因素的体育运动项目，中职学生这一年龄阶

* 上海船厂技工学校“狮跃龙腾”文化品牌培育项目。

段，对体育运动有着浓厚的兴趣和爱好，把它作为一项体育兴趣爱好进行推广，学生一定会乐于接受、踊跃参与、积极投入、刻苦训练。另外，我校与上海精武誉得文化传媒有限公司有着良好的合作关系，他们可以为舞龙舞狮活动提供专业训练、技术指导以及传授文化内涵。正是有了这些有利因素，这些年来我校坚持以立德树人的精神为指导，以“狮跃龙腾进校园”的活动项目为抓手，以学生社团建设为基础，在学生中开展了舞龙舞狮的活动。活动的参与人数多、受益面广、参与热情高涨、影响力大，取得了良好的效果，找到了一条把中华优秀传统文化教育落细、落小、落实的途径。

二、项目实施的目标和思路

（一）项目实施的目标

通过“狮跃龙腾”活动项目的载体，使学生在学习舞龙舞狮技艺的过程中，潜移默化地接受优秀传统文化的熏陶和感染，感受民族文化与精神的伟大力量，深化对中华民族悠久历史和优秀文化的认同感，从而增强民族自尊心、自信心和自豪感，提升他们的文化素养；通过平时刻苦的训练，帮助学生树立积极向上的精神状态、吃苦耐劳的坚毅意志，逐步形成优良的道德品质；通过一系列团队活动，让学生亲身实践和体验，深刻感悟民族文化精髓，把中华优秀传统文化内化于心、外化于行。

（二）项目实施的思路

学校将项目落实到德育工作组和宣传组，并安排指导教师负责社团学生日常的训练、比赛和表演活动，制订明确的目标计划，并将其作为一项长期任务，做好长远规划，保证工作的可持续发展，贯穿项目的实施始终和德育教育相结合这一最终的目标。

选拔舞龙舞狮表现突出的学生，积极参加比赛，并鼓励外出交流培训，增加舞龙、南狮、北狮文化间的交流，同时将所学成果带回学校。

与校本课程建设相结合，促进校本教材进课堂。编写舞龙舞狮校本教材，并在此基础上普及推广，充分挖掘苗子，抓提高、抓特长，培养一批骨干队伍。并与其他学校形成传统文化教育合力，相互学习共同提高。

结合课堂教学、课外活动、社会环境等方面，通过学校开展的班级文化建设，从班级文化环境、班风、班级精神，培养关心集体、关心他人、诚信守纪、有责任心、懂礼貌、讲文明，有品位的人。把传承民族文化与学校的德育工作、学生的养成教育紧密联系在一起，起到事半功倍的效果。

在挖掘、整理、继承的基础上，不断创编动作、创新项目；推出适合教学的项目，编写大纲、出版教材、开展科研；以艺术课、龙狮队训练、龙狮协会、龙狮俱乐部的形式，构建课内外相结合的课程体系。

三、 项目实施的过程

（一）创建社团，培育学生兴趣

舞龙舞狮运动是一个富有中国传统文化特色的体育项目。学校为了吸引学生加入这一运动中来，成立了“狮跃龙腾”社团，并安排了一名指导教师管理和开展社团活动。

社团的成立，使舞龙舞狮活动和表演正式走进校园文化。在学校各类大型活动上，舞龙舞狮表演均作为保留节目，随着鼓乐声响，狮跃龙腾，喜气盈盈，热闹非凡（图 1）。这对表演者来说，是一种极好的身体上和精神上的双重锻炼，对于观赏者也不失为一种享受艺术、感染美育的方式。精彩的表演得到了大家的赞扬，鼓舞了社团成员的自信心和荣誉感，进一步激发了他们全身心地投入舞龙舞狮文化和技艺的钻研中，同时也提高了学生对这一文化的浓厚兴趣。

图 1　舞狮表演

（二）以点带面，扩大活动规模

随着“狮跃龙腾”社团在校园文化中的影响力不断扩大，社团学生也逐渐扩展到各班级中，规模从原来的20多人扩编为100多人。如今，学校对“狮跃龙腾”社团给予了更多的支持，提出了更高的要求。

首先，添置舞龙舞狮的道具，增加到18头狮子和11条龙，并按照班级认领，保证班班有龙狮。

其次，以社团成员为教练员，与各班进行舞龙舞狮技艺结对，班主任全力协助，发挥社团成员的作用，形成了更容易让学生接受的学生自主管理模式。

再次，在班级中积极开展龙狮文化交流活动，谈体会、谈感受，形成了传统文化学习的良好氛围。

（三）服务行业，展现职校特色

舞龙舞狮活动也是学校传播民族文化的一个亮点。在上级公司的船舶下水、交船、命名等大型仪式上，中外船东通过观赏舞龙舞狮表演，接触和了解了中国的传统民族文化，而学校的舞龙舞狮队作为民族文化的传播者，很好地展示了舞龙舞狮这一中华民族非物质文化遗产。

学校舞龙舞狮社团除了承担本公司的各类表演任务之外，还会受到行业内其他兄弟公司的邀请，参加大型的庆典演出。例如，上海船舶工业公司、中船物流公司等。通过这些活动，一方面培养了学生追求技艺上精益求精的工匠精神，展示了职业院校学生的精神面貌；另一方面，增强了学生服务社会、服务行业的意识，展现了职业院校行业办学的宗旨和特色。

（四）校企共建，搭建专业平台

学校为了进一步提升舞龙舞狮社团的专业水平，更好地服务社会，积极开展与上海精武誉得传媒有限公司的合作。本着弘扬和传播中华优秀传统文化的宗旨，以着重培育舞龙舞狮专业人才，推广上海市龙狮运动为抓手，以建设校园文化为重点，以提升学生人文素养为目标，学校与公司达成舞龙舞狮项目校企共建协议。

通过与上海精武誉得文化传媒有限公司的合作，学校舞龙舞狮社团在专业训练及技术指导、专业道具及器材的装备、社会实践的平台机会等方面都得到了公司很大支持，技艺水平得以迅速提升。同时，经上海精武誉得文化传媒有限公司“牵线搭桥”，学校还与上海精武会、上海浦东三林舞龙队、上海龙狮协会等社会团体有了进一步接触和联系，也为学校舞龙舞狮社团的发展提供了更广阔的舞台。2017年，学校舞龙舞狮社团相继参加了上海市民武术节开幕式和上海市第七届舞龙舞狮锦标赛等。

（五）进入课堂，了解文化内涵

学校为了让学生更深刻地了解舞龙舞狮活动所包含的内在文化精神，进一步理解民族传统文化的魅力，组织专家和教师编写了舞龙舞狮项目的校本教材，形成了较完整的课程体系，通过主题班会课、第二课堂等方式让舞龙舞狮传统文化走进课堂。

龙狮进课堂，一方面是技艺的传授，另一方面更是文化的传承。通过专业教练的讲授，使学生了解了中国自有文明以来就有祭祀等活动，舞龙舞狮活动也随之应运而生，历史悠久，各族人民一直很喜爱这项活动，并历代相传，鼎盛不衰，由此形成了极其灿烂的舞龙舞狮文化（图 2）。

图 2　舞龙舞狮表演

学生经过系统学习舞龙舞狮的文化内涵，使他们在进行训练和表演的时候更能展现出龙狮的神韵，将这一民族文化的内涵表达得更加精准和到位。通过深入学习“自强、忠义和崇礼”的龙狮精神，也使他们进一步规范自己的言行，形成良好的人文素养。

四、 项目实施的成效

（一）提升学生人文素养，创建校园文化品牌

学校创建“狮跃龙腾”项目的初衷就是通过一种学生乐于参加的活动载体，在学习活动技艺的同时传播中华优秀传统文化，浸润学生的心灵，使民族文化的精华内化于心，外化于行，提升他们的人文素养。随着学校舞龙舞狮活动在校内外的影响力不断扩大，吸引了越来越多的学生投入到这一活动中来，参加人数多，受教育面广，极大地丰富了校园文化生活，已经成为校园文化建设的品牌项目。

（二）强健体魄，培养了吃苦耐劳的坚毅品质

由于舞龙舞狮活动需要一定的身体条件为基础，为了保证表演和比赛的效果，平时需要学生进行体能、弹跳、柔韧、技巧等各方面的训练。这些训练是艰苦且长期的，需要学生具有吃苦耐劳、持之以恒的精神和决心，因而这一活动提升了学生的身体素质，更重要的是培养了学生吃苦耐劳的坚毅品质。

（三）增强了集体观念，树立了团队协作的意识

舞龙舞狮活动是一项团队活动项目，需要相互配合才能使龙和狮形神俱备。缺少团队的合作，“狮”不能“跃起”，“龙”也无法“腾飞”。在舞龙舞狮的训练中，指导教师始终强调和要求学生除了完成自己的动作之外，更需要帮助团队中的其他成员共同提高。特别是在一些高难度动作中，更能体现团队协作的重要性，只有相互合作，才能把龙狮舞得更加精彩。经过一段时间的练习，增强了学生的集体观念，树立了团队协作的意识。

（四）提升了自信心，坚定了“人人能出彩”的信念

舞龙舞狮活动是一项表演竞技类项目，需要展示给观众和评委。随着国家对非物质文化遗产的重视，龙狮活动也越来越受到大家喜爱。学校“狮跃龙腾”社团的表演，小到学校、社区，大到上海市各类比赛和大型活动，每一次成功的演出都得到了各方领导、评委和观众的认可和赞扬。通过这些活动产生的效应，使学生收获了自信，相信只要通过刻苦的学习、全身心的投入一定会有收获，一定能够成为佼佼者，每个人都有出彩的机会。

五、项目实施的推广和展望

随着舞龙舞狮基地创建工作不断完善，学校对舞龙舞狮社团提出了更高的要求。继加入上海龙狮协会后，学校又委派舞龙舞狮指导教师参加了全国舞龙舞狮教练员培训班，进一步增强了学校舞龙舞狮运动的专业力量，也打开了与全国舞龙舞狮团体交流的平台，为学校舞龙舞狮运动的发展提供了更多更大的机会。同时，学校将以目前舞龙舞狮基地创建工作的成果为基础，与上海市中专体育协会等上级部门进行沟通，进一步探究在中职系统中开展舞龙舞狮竞赛的可行性，带动兄弟学校共同发展舞龙舞狮运动，传播舞龙舞狮文化，为中国传统文化的传承发挥出积极作用。

经过多年的探索和实践，学校舞龙舞狮基地正在日益壮大，活动正在深入推进，学校将在今后舞龙舞狮基地的创建工作中，按照既定目标努力前行，围绕立德树人的根本任务，遵循学生认知规律和教育教学规律，按照一体化、分学段、有序推进的原则，为中华优秀传统文化传承发展工程添砖加瓦！

让民族优秀传统文化“刻入”学生心灵*

上海市大众工业学校　沈菊芳　周惠利

引言　嘉定竹刻2006年被列入上海非物质文化遗产名录。上海市大众工业学校本着扶持地方特色工艺、弘扬民族文化的目标，利用本校师资力量，在学校开设了竹刻社团，通过几年的努力，潜移默化地影响着学生的审美观，培养了大批热爱竹刻的学生。竹刻也逐渐成为中等职业学校弘扬民族文化、拓宽学生艺术面、培养学生艺术修养的一门选修课程。竹刻艺术教育具有促进智育、德育发展的功能，通过一系列切实可行且本土的教育教学方式，让学生从质朴的物质和简单的劳作中，学会感受美、鉴赏美，从而培养创造美的能力，提高学生的综合素养。

一、项目实施的背景

嘉定竹刻技艺为明代正德、嘉靖年间（1506—1566）朱鹤所创，2006年被列入上海非物质文化遗产名录。2004年始，上海市大众工业学校本着扶持地方特色工艺、弘扬民族文化的目标，利用本校师资力量，在学校开设了竹刻社团，通过几年的努力，潜移默化影响了学生的审美观，培养了大批热爱竹刻的学生。竹刻也逐渐成为中等职业学校弘扬民族文化、拓宽学生艺术面、培养学生艺术修养的一门选修课程。竹刻社团通过展示竹刻史上具有代表性、风格性的作品，介绍和学习竹刻作品中的表现内容和基本技法，以最直观的方式启

* 上海市大众工业学校“嘉定竹刻”文化品牌培育项目。

发学生和竹刻爱好者，拓展审美视野，激发对竹刻学习的兴趣，培养对传统文化的热爱和传承。嘉定竹刻具有很强的欣赏性和可操作性，可学、可赏，适合中职年龄段的学生学习。

学校给每一个学生提供机会和条件，使每一个学生都得到充分发展，以适应社会对多类型、多层次、多规格人才的需求。基于这一思想，我校构建了学校素质教育的整体框架。竹刻艺术教育本身所具有促进智育、德育发展的功能，又是学校所在地嘉定的地方性民间工艺，因此把竹刻艺术作为我校实施素质教育的切入口，具有其他教育无法替代的优势。

二、项目实施的目标和思路

（一）项目实施的目标

竹刻艺术教育具有促进智育、德育发展的功能，通过一系列切实可行且比较本土化的教育教学方式，让学生从质朴的物质和简单的劳作中，学会感受美、鉴赏美，从而培养创造美的能力。竹刻教学，在赋予竹子新的生命的同时也促进了学生的思维和实践能力，有利于学生综合能力的提升。

竹刻教学，培养的是一种能力，这是在脱离教师视线下一种能自我表现的能力。教学生学着如何去辨别，培养学生如何去欣赏、去思考，引导学生如何将两种或多种不同的艺术表现形式有机地结合起来，如何将传统的绘画或书法作品在质朴的竹材上表现出来，让它们水乳交融、交相辉映。让学生懂得竹刻作品的制作过程实质是艺术创造的过程，其间包含着活跃的形象思维、丰富的艺术想象，是想象力和创造力的完美结合。

通过项目建设，有更多的师生共同参与和融入嘉定竹刻这一非物质文化遗产，达到传承民族文化、弘扬民族精神的目标，为发展和继续推动家乡文化做出贡献。

（二）项目实施的思路

嘉定竹刻项目的实施采用线上网络课程开发和线下教学活动结合的形式。线下教学活动的开展主要通过学生的社团学习和实践来完成。数年来，学校坚持每年投入一定资金购买竹刻用的材料和工具，并免费提供给竹刻社团的学生使用。社团经过多年的实践，积累了丰富的教学资料和教学经验，因此，本次项目开发的重点是编写嘉定竹刻的网络课程。网络课程开发以逐步提升教学法为主，将竹刻工艺的概念分不同层次贯穿到整个课程实施中，调动学生的积极性，提高学生的学习兴趣。

三、项目实施的内容

嘉定竹刻网络课程开发以逐步提升教学法为主，将竹刻工艺的概念分不同层次贯穿到整个课程实施中，调动学生的积极性，提高学生的学习兴趣。同时，课程开发使线下的社团活动有了规范的要求和明确的教学目标，也有了可操作的评价体系（表 1）。

表 1　竹刻网络课程体系

章	节	知识点	展现手法
第一章：竹刻概述	竹刻及其价值	什么是竹刻	视频、动画
	中国竹刻艺术发展	竹刻发展史	视频、动画
	嘉定竹刻的起源与发展	嘉定竹刻	视频、动画
	嘉定竹刻的艺术特点	嘉定竹刻特点	视频、动画
第二章：竹刻使用的工具材料及实施要求	竹刻使用的工具	刀具（竹刻刀）复印纸、胶水、笔墨	视频、动画 三维
	竹刻使用的材料	竹子的种类及其分布 适合用来竹刻的竹子选材 竹刻选材要求 所选竹材的竹面处理	视频、动画 三维
第三章：竹刻基本技法和表现手法	竹刻基本技法	竹刻基本技法一——切	视频、动画 三维
		竹刻基本技法二——铲	
		竹刻辅助技法——刮	
	竹刻基本表现手法	竹刻表现手法一——平底阴刻	视频、动画 三维
		竹刻表现手法二——平底阳刻	
		竹刻表现手法三——三角阴刻（认知欣赏）	

（续表）

章	节	知识点	展现手法
第四章：留青	留青概述	什么是留青	视频、动画 三维
		留青的发展历史	视频、动画
		留青作品的表现题材	视频、动画
		留青作品的艺术特色	视频、动画 三维
	留青竹刻的选料和 工艺步骤	留青竹刻选材	视频、动画
		留青竹刻工艺步骤 （书法）	视频、动画 三维
第五章：留青 表现题材	留青花鸟篇	留青花鸟构图及 如何表现	视频、动画 三维
	留青山水篇	留青山水构图、 虚实处理	
	留青人物篇	留青人物结构 几表现	

四、项目实施的过程

（一）组建由分管领导领衔，专任教师负责以及各部门参与的项目团队

学校组建了由分管德育副校长领衔，竹刻专任教师负责，信息中心、教务处、学生处等行政部门共同参加的项目团队，实施项目的开发和提供组织与技术保障。项目得到了嘉定区劳技中心、嘉定区竹刻协会理事和会员以及竹刻非遗传人的指导和帮助。

（二）按照项目实施要求，分时间节点制订项目计划

一是进行课程调研，邀请专家进行咨询和指导；二是制定课程内容，设计网络课程脚本，完成网络课程 DEMO 制作；三是完成一半课程内容开发并上传测试，测试通过后完成全部课程内容的开发；四是组织专家评审及试运行；五是根据专家建议和运行效果进行优化调整，完成课程开发工作。

(三) 根据项目内容和项目计划，实施课程的开发工作

课程开发框架如图 1 所示。

图 1　课程开发框架

(四) 对项目实施情况开展阶段性总结和优化工作

在 e 班中职课堂平台运行试用，对局部细节进行再加工和优化，邀请兄弟学校开展联合活动，推广竹刻课程项目。

五、项目实施的效果与经验

(一) 嘉定竹刻项目的实施使优秀传统文化“刻入”学生的心灵

嘉定竹刻项目的实施，是学校开展和践行社会主义核心价值观与传承民族

优秀传统文化教育的一次积极探索，结合学校区域文化的特色资源，把传承民族优秀传统文化的工作具体化。通过竹刻网络课程的开发和社团实施相结合的形式，让民族文化中的精华融入对学生的德育教育中，提高了学生的文化素养；通过展示、比赛和交流，弘扬传统文化，培养学生吃苦耐劳、团结协作的品德，帮助学生树立精益求精、追求卓越的工匠精神，提升学生的职业素养和社会责任感；通过校际传统文化的交流研讨，分享建设成果，让更多的学生成为中华民族文化的继承者和传播者。

（二）嘉定竹刻项目课程开发的特色和创新

（1）知识点的讲解从初级开始，逐步提升，从提出问题、思考问题，到解决问题，帮助学生加深记忆，巩固所学。

（2）帮助学生构建适合的学习环境，营造协助学习的氛围，做到"做中学""学中做"。

（3）由竹刻工艺的发展，到竹刻不同表现方式的认知、细化认识，再到学生的实践操作，由浅入深地进行教学。针对中职学生、中职教育和学校教育特点综合设计，体现本课程的职业性、实用性及开放性。

（三）嘉定竹刻项目课程开发和实施的主要经验

1. 注重学生课前的自主学习

学生在上课前利用网络课程资源，可以自主认真研究竹刻的基础知识和基本技能，结合动静结合的艺术学科特点，深入挖掘竹刻艺术与"两纲教育"之间的密切联系；明确知识与技能、过程与方法、情感态度与价值观三维目标。应用信息化手段结合视频、图片、历史史料等教学资源，在动手前先充分了解学习的对象及其表现的形式，先从其多样性的表现方法和独特的艺术表现力与效果吸引学生的眼光，从而引发学生的学习兴趣。充分发挥每个学生的智力与非智力因素，以学生为主，以课前自主预习为基础，启发其思维，拓展思路，提高学生自主学习的能力。

2. 创新课堂的教学方法

项目强调竹刻教学中动手能力培养的重要性，鼓励学生尝试动手和动脑相结合，并结合美术的基础知识，真正做到动静结合、以静制动。在学习竹刻的过程中既要关注技能的训练，又要重视形象思维的触发与培养，同时适当地灌输地方性文化，引发学生的学习动机和热情，触发民族自豪感。在第二部分"切、铲、刮"基本技法的教学时，要一改教师一讲到底，更多地运用手把手、一对一的师傅教徒弟的方法，内容上要更多地选择学生喜欢的素材，这样能更直接地引发学生的学习热情。

3. 改进实操的方法

在实施教学中以学生的认知结构和技能水平为基础，结合竹刻工艺的重点和难点，收集、精选竹刻基础训练的相关资料，设计有梯度、有层次的技法练习，提高学生操作兴趣和技能练习的有效性，注重技能操作练习的反馈环节。针对知识要点、技术要领与操作方法的共性问题，实施基础知识集体讲解，具体操作个别辅导，由浅入深、由简入难、循循善诱，特别是对于动手能力相对较弱的学生，要适当鼓励，强调竹刻学习中的艰苦性和持久性，培养学生的耐心和持之以恒的学习态度，这种实操和训练的方法收到了很好的效果。

4. 建立了课程的评价

项目实施以发展性评价理念为指导，以课程标准和教材为依据，以学生学习的实效为出发点，掌握即时评价、过程评价和终结评价相结合的方法，注意评价的能力立意，重视发挥评价的激励、导向、诊断和矫正功能，指导学生参与评价，以评价促进发展，提高学习效率。

六、项目的推广和辐射

在项目开发和建设的过程中，我校取得了较好的成绩，不仅完成了课程本身的建设任务，而且我校教师和学生以“嘉定竹刻”项目为主，在参与全国、本市、区的各级各类竞赛中频频获奖，成果丰硕。更重要的是，“嘉定竹刻”项目的成果不仅立足于我校，并且向嘉定全区中小学进行推广，与嘉定区劳技中心、黄渡中学、马陆中学等多所非遗基地长期开展师生合作交流。同时，借助市级网络课程平台，推广和辐射到全市中职校。我们希望通过对项目进一步的建设和完善，能让“嘉定竹刻”这一非物质文化遗产吸引更多的师生共同参与和融入，用项目成果进行示范、引领和辐射，达到传承民族文化、弘扬民族精神的目的。

习传统艺术之技　育德艺双馨之才*

上海市马戏学校　王　艳

引言　2010 年的夏天，45 个来自天山南北的维吾尔族孩子踏进了上海市马戏学校学习杂技表演，这是新疆杂技人员第一次由内地城市支援进行培训。如何在 7 年时间里，既把他们培养成为出色的杂技人才，又使他们形成正确的世界观、人生观、价值观，成为社会主义建设的合格者，这是摆在学校面前头等重要的任务。上海市马戏学校始终以立德树人的精神为指导，以走“习艺育德”之路，育“全面发展杂技艺术人才”的活动项目为抓手，以少数民族学生的特点为出发点，坚持把社会主义核心价值观与中华优秀传统文化的教育落细、落小、落实，把他们培养成为德艺双馨的人才。

一、项目实施背景

2010 年夏天，45 个来自天山南北的维吾尔族孩子踏进了上海市马戏学校学习杂技表演，这是新疆杂技人员第一次由内地城市支援进行培训。经过 7 年的艰苦学习，新疆班成果显著，毕业会演受到各方好评。新疆学生入校时年龄只有 7～13 岁，在上海市马戏学校的 7 年，不仅是他们长身体、学技能的时候，也是他们世界观、人生观、价值观形成的重要阶段。学校始终以立德树人的精神为指导，以走“习艺育德”之路，育“全面发展杂技艺术人才”的活动项目为抓手，以少数民族学生的特点为出发点，坚持把社会主义核心价值观与

* 上海市马戏学校“走‘习艺育德’之路，育全面发展杂技艺术人才”文化品牌培育项目。

中华优秀传统文化的教育落细、落小、落实，把他们培养成为德艺双馨的人才。

二、项目实施目标和思路

在项目的实施过程中，我校始终根据少数民族学生的特点，克服民族差异，注重把社会主义核心价值观与中华优秀传统文化的内容通过多元化的载体融入德育教育的全过程，以“关爱生活、专业学习、团队活动”三个方面为载体，将社会主义核心价值观与中华优秀传统文化的内涵生动具体地渗透到对学生培养的全过程，即通过关爱学生生活，尊重民族习俗，于民族情谊、师生情谊、沪疆情谊中浸润社会主义核心价值观与中华优秀传统文化；通过杂技专业课的传授，将社会主义核心价值观与中华优秀传统文化的培育扎根于传统杂技中，在传统杂技文化的传承中浸透社会主义核心价值观与中华优秀传统文化，帮助学生树立积极的情感、向上的态度、吃苦坚毅的品质，逐步形成正确的人生观、价值观；通过一系列的团队活动，让学生亲身实践和体验，生动感悟，把社会主义核心价值观与中华优秀传统文化内化于心、外化于行。

三、项目实施过程

（一）关爱生活育情谊

上海市马戏学校是全寄宿制学校，因为行业特点，学生入学年龄远远低于普通中职学校。新疆班的学生入学时年龄最小的只有7岁，最大的也只有13岁，年龄跨度较大，95%为维吾尔族，风俗习惯和汉族迥异，其中一半以上的学生从未学习过汉语，语言交流存在很大障碍。这样一个特殊的班级使学校在管理上面临很大的困难。民族有差异，风俗习惯有差异，语言有差异，但唯有爱可以忽略差异，育德育情。学校在新疆班的管理中始终以关爱为首，以民族情谊为重。

（1）开设清真食堂，尊重饮食习俗。学校专门请来维吾尔族厨师，大盘鸡、烤羊肉、手抓饭，家乡的味道让新疆班的孩子们消除了很多初到上海的不适应。

（2）开展集体生日，给予温馨关怀。学校每月给新疆班的孩子过一次集体生日，小寿星们和大家分享蛋糕，读着老师和同学的贺卡，心情激动，倍感亲切。

(3) 养成生活好习惯，争做文明好学生。新疆班的孩子入学年龄小，还有的来自新疆的偏远地区，刚到校时卫生习惯较差。生活老师针对不同的年龄段做好生活管理，对于一些年龄小的学生从生活常规着手，注重卫生习惯的养成、作息的规律，年龄偏大的学生则做好生活习惯的纠偏。尽管一开始困难重重，但是老师们通过耐心沟通和不厌其烦地叮嘱，让新疆班的孩子们慢慢扔掉了不文明的生活习惯，适应了学校生活。

2010 年入学的新疆班学生在校 7 年，只有 2013 年和 2015 年两次短暂回疆，在这 7 年的学习生活中，学校和老师给予了同学们最大的关爱，使他们的身心健康成长，也让新疆班的学生和家长切切实实感受到学校的育人真情。学校在新疆班学生的德育教育中，针对民族的差异性，把德育内容和日常生活管理紧密结合，于民族情谊、师生情谊、沪疆情谊中浸润社会主义核心价值观与中华优秀传统文化。

(二) 专业学习融文化

中国是世界著名的杂技大国，杂技艺术在中国已有2 000多年的历史。在全国 3 所杂技专业学校中，上海市马戏学校成立于 1989 年，时间最早，建校 20 多年来，屡次荣获国际大奖。学校在专业学习上坚持把杂技艺术教育与中国传统文化精神培育相结合，新疆班学生的专业学习也秉承了这一方法。

(1) 传承杂技艺术，锤炼坚毅品质。杂技是演员靠自己的身体技巧完成一系列高难度动作的表演性节目，是包含各种体能和技巧的表演艺术。随着中国社会的发展，中国杂技的具体内容和形式也在不断发生着变化，但一直不变的是其从未停止对中国文化精神的融会与弘扬。中国杂技中坚毅、挑战极限的精神，是与中国传统文化精神融会贯通的。练习中国传统艺术的杂技，也是对学生进行中国传统文化精神与品质的塑造，传承杂技艺术，首先是传承杂技人的坚毅品质。

(2) 融合民族元素，促进民族团结。杂技艺术融合了中国各民族的传统文化，表现形式丰富多彩。学校结合新疆班学生 95% 为维吾尔族的实际情况，把学校杂技艺术节目的开发和维吾尔族少数民族文化元素完美结合，弘扬少数民族优秀传统文化，探求民族元素和杂技艺术融合的可能性。2015 年，学校以新疆班为主原创杂技剧《阳光・梦》就是很好的实证成果，得到了各界的广泛好评。

(3) 创新杂技表演，弘扬中华文化。近年来，学校创新编排的很多杂技作品有意识地融合中国元素，弘扬中国传统文化精神。作为上海市“文化援疆”的项目，新疆班学生在实训演出节目的编排上多方位展现了中国元素。《蹬鼓》《蹬伞》《抖杠》《跳板蹬人》《蹦绳》等节目，融合了杂技、舞龙、武术、魔术等不同艺术形式，高难度的杂技表演结合中国元素的舞台呈现，带给观众耳目一新的视觉冲击和心灵震撼，使中国传统文化在杂技舞台上散发出全新魅力（图 1）。

图 1 杂技表演

中国杂技不仅是中国传统文化精神的组成部分，也是中国传统精神文化的传播载体，优秀的杂技作品应根植中国传统文化，以中国传统文化精神为主旨。马戏学校在培养新疆班学生杂技艺术的同时，还渗透中国传统文化精神的培育。只有培养出有着传统文化底蕴的杂技演员，才能展现中国最古老的艺术“杂技”的东方魅力，体现中国特色，发扬光大。

（三）团队活动爱国家

上海市马戏学校一直坚持把杂技艺术教育与演员基本素养培养相结合，在学生的德育教育中结合职业特点，进行“德”“艺”相结合，从做好一个杂技演员的基本德育素养着手，引导学生养成诚实守信、孝敬感恩、团结友善、文明礼貌的行为习惯。在新疆班学生的德育教育中，正视民族差异，避免一味说教，做到以理服人，通过一系列团队活动，学生亲身实践，有所感悟，把社会主义核心价值观与中华优秀传统文化内化于心、外化于行。

图 2　上海市马戏学校节目《担当》荣获第六届蒙特卡洛“新一代”国际马戏节比赛唯一金奖

（1）学校做细做实维吾尔族和汉族学生的民族工作，让学生感受不同的民族在上海市马戏学校大家庭中是其乐融融的，也是和睦友善的。每年“古尔邦节”，学校组织庆祝活动，让远离家乡的新疆班学生接受同学们的祝福，过一个快乐的维吾尔族新年。

（2）学校结合自身艺术专业的特点，组织新疆班学生广泛开展社会实践活动，充分体现“德育在行动”，将社会主义核心价值观与中华优秀传统文化教育细化为贴近学生的具体要求，转化为实实在在的一场场公益演出；组织学生广泛参加“学雷锋”等志愿服务和社会公益活动；组织学生定期在文化广场和大剧院观看相关演出，把对学生的“教和说”和“做和看”相结合，避免德育浮于表面，只说不做。

四、项目实施成效

（一）习艺育德相结合，德艺双馨结硕果

社会主义核心价值观和中华优秀传统文化的精神内涵如何在学校德育教育中做到“内化于心，外化于行”，上海市马戏学校新疆班的“走‘习艺育德’之路，育全面发展杂技艺术人才”文化品牌培育项目做了很好的探索和实践。在新疆班学生 7 年杂技艺术的学习中，我校始终把中华优秀传统文化精神融会于传统杂技艺术，在提升学生杂技艺术过程中贯穿着思想品德教育，做到习艺

育德相结合，培养学生成为德艺双馨的艺术人才，使社会主义核心价值观和中华优秀传统文化的教育落细、落小、落实，并取得了很好的成效。

2015 年 8 月，学校为新疆班学生创排的多媒体杂技剧《阳光·梦》在上海宛平剧院首演取得成功，并于当年 9 月作为上海市中等职业学校对口支援和民族教育工作项目之一赴新疆乌鲁木齐、克拉玛依、北屯等地公演（图 3）。《阳光·梦》杂技剧融合了中国传统文化和维吾尔族少数民族特色，一经演出就获得文化部、中国杂协、上海市教委的高度赞誉。

图 3　多媒体杂技剧《阳光·梦》

2016 年，《阳光·梦》第二次创排，在上海大剧院演出并获得成功，向全市展示了上海职业教育的成果，并于 11 月参加“广州国际杂技节”展演。

2017 年，在新疆班学生学成之际，《阳光·梦》第三次创排，6 月在兰馨剧院进行演出暨新疆班上海毕业公演，7 月赴新疆参加国际舞蹈节和新疆维吾尔自治区成立 60 周年献演，也是新疆班在新疆的毕业公演，向新疆各界汇报教学成果，受到新疆维吾尔自治区主席和新疆观众一致好评。

2017 年 2 月，新疆班的《担当》节目组参加第六届“新一代”蒙特卡洛国际少年马戏节，荣获大赛唯一金奖（图 2），让马戏学校的新疆班“一举成名天下知”。

此外，新疆班的《跳板蹬人》节目，获得第九届全国杂技比赛评委会特别奖。新疆班的《绳技》《蹬伞》《跳板蹬人》《绸吊》《高车踢碗》《呼啦圈》《手技》等10多个节目在上海商城剧院、宛平剧院等进行舞台演出达百场，受到了国内外友人的一致好评。

新疆班学生在杂技艺术所获得一系列的成绩，以及他们在演出中所展现出来的刻苦坚毅、追求卓越的职业精神，得到了上海和新疆两地领导和人民的高度评价，学校为培养出这些德艺双馨的学生感到骄傲。

（二）习艺育德相结合，立职业精神之魂

新疆班学生在校学习的7年中，到敬老院、幼儿园、复旦大学附属儿科医院等场所进行志愿义演26场，参加市级春节团拜会3场，参加闵行区和上海电视台志愿队服务22次。通过一系列以专业特长为主的志愿服务，让新疆班学生体会到演员的社会责任，为人民服务的宗旨，强化了他们的职业精神。同时，学校组织新疆班学生观摩国际国内艺术团队的演出35场，让他们在观摩这些艺术团体高超的技术的同时，强调要学习这些演员刻苦耐劳、精益求精的职业品德。学校把对学生的“教和说”和志愿服务、学习先进的“做和看”有机结合起来，使社会主义核心价值观的德育教育“润物细无声”，帮助学生树立职业精神之魂，真正做到德育教育“内化于心，外化于行”。新疆班获得2015—2016学年上海市高中阶段学校先进班级，《抖杠》节目组获得2016—2017学年闵行区高中阶段先进班级。

（三）习艺育德相结合，创新德育新模式

从2 000多年前的汉代开始，中国杂技节目表演的内容就来源于神话传奇故事、历史故事、诗歌等。这些文学作品中蕴涵中华优秀传统文化精神，因而中国的杂技艺术与传统文化相依相承，精彩的杂技艺术表演是艺术性和思想性的完美统一。现代杂技更是集中了戏曲、舞蹈、表演等组合形式，通过技巧的锤炼和表现形式上的雕琢，呈现出一种蕴涵着文明的世俗文化和积极的生命理想的艺术精神，再现中国传统文化中生生不息、乐观坚毅的民族精神。如果德育教育一味进行空洞的、枯燥的说教很难取得成效。“习艺育德”活动项目的实施，结合了学生的艺术学习渗透相应的德育教育，避免德育浮于表面，更加贴近学生，使学生在艺术感染中潜移默化地接受了思想教育，取得了意想不到的效果，为我校找到了一条德育教育的有效途径。新疆班在《阳光·梦》的作品中，用杂技艺术表达了新疆班学生对上海、对学校、对老师的培养之恩，反映了新一代杂技艺术接班人的爱国情怀和心存感恩的品质（图4）。

图 4 表演渗透德育教育

五、项目的推广和辐射

“习艺育德”文化品牌培育项目是作为我校德育教育融入以新疆班为试点的教学改革，试点成果显著。2016 年 12 月，在召开的“国际杂技论坛”上，文化界、国际国内杂技行业的领导、专家对上海市马戏学校和新疆班的教学改革试点工作进行了研讨和交流，得到了一致赞誉和认可。中国杂技协会边发吉主席在会议上充分肯定了上海市马戏学校和新疆班的教改成果，并向国内杂技院团和学校主推，呼吁杂技界探索中国杂技职业教育的转型之路。如今，新疆班学生虽已学成毕业回疆，但是学校希望通过“习艺育德”项目的进一步建设和完善，推进学校德育教育更上一个台阶，为中国的杂技行业培养更多德艺双馨的人才。同时，我们认为艺术的形式是丰富多彩，但是艺术的本质是相通的，育人的根本宗旨是不变的，“习艺育德”项目实施所取得的成效，还可以为舞蹈、戏曲等艺术类学校的人才培养、德育教育提供可参考、可复制、可操作的经验和模式。

沪剧艺术　花开港湾*

上海港湾学校　林　景

引言　上海港湾学校在开展社会主义核心价值观和中华优秀传统文化教育的过程中，通过实施“沪剧艺术进校园”项目，弘扬和传承优秀传统文化，提高了学生的人文素养，使社会主义核心价值观和中华优秀传统文化教育落到实处，为我校的德育教育找到了一条有效的途径，取得了良好效果，并已成为我校校园文化建设的品牌项目。

一、项目实施背景

上海港湾学校是一所专门培养港航人才的中等职业学校。随着现代经济社会的发展，行业对港航人才素质的要求是多元的，不仅需要有相应的工作能力和娴熟的技能，同时还要求具备一定的人文素养和职业精神。如何使学生既有高超的技能，又有良好的人文素养，一直是学校积极探索和实践的目标。近年来，学校始终以立德树人的精神为指导，以“人文校园”为校园文化建设总目标，以“沪剧艺术进校园”项目活动为抓手，通过营造高雅的艺术环境，激发学生的艺术兴趣，培养学生高雅的人格和情操，从而不断提升学生的人文素养，坚持把社会主义核心价值观与中华优秀传统文化的教育落细、落小、落实。

沪剧是海派文化的杰出代表之一，它蕴含着中华优秀传统文化深厚的内涵，是上海人民喜爱的艺术形式之一。中职学生所处的年龄段，特别渴望和追求艺术的熏陶，通过艺术形式来宣传和传播社会主义核心价值观与中华优秀传

* 上海港湾学校“沪剧艺术进校园”文化品牌培育项目。

统文化是进行德育教育的有效途径。学生普遍对沪剧有着浓厚的兴趣，容易接受这一艺术形式。长期以来，我校和上海沪剧院有着良好的关系，2008 年开始，学校充分利用这一优质的社会艺术资源，和上海沪剧院合作，开展了“沪剧艺术进校园”项目活动，丰富了校园文化，提高了学生的素养，取得了很好的成效。

二、项目实施目标与思路

“沪剧艺术进校园”项目活动是通过“沪剧艺术走进校园”“沪剧艺术常驻校园”和“沪剧艺术扎根校园”三个阶段来实施的。从入门、了解、喜欢，到感染、浸透、学唱，逐步推进。通过沪剧这一高雅的艺术形式，宣传和传播了社会主义核心价值观和中华优秀传统文化，浸润了学生的心灵，根植于学生的大脑，提升了学生的素质。

项目实施伊始，学校便认识到校园文化建设需要时间的积累和沉淀，学生更需要逐步加以引导和灌输。因此，最初学校将“以美启真，浸润心灵”定为目标，把沪剧艺术引进校园，营造校园艺术氛围，使学生潜移默化，自然而然地接受熏陶、感染、入门。然后将沪剧引进学生社团、班级等群体活动中，让更多学生直接参与到活动中，培养他们健康的艺术情趣，增强学生的自信心，提高他们的人文素养。在引进沪剧艺术的过程中，学校也不忘文化传承的重要责任，延伸“沪剧艺术进校园”的内涵，充分利用上海沪剧院这一社会艺术资源，签订结对共建协议，开展设施共享，培训互助，文化互通等共建活动。通过结对共建共享的形式，成为传承民族文化的共建基地。

三、项目实施过程

（一）沪剧艺术走进校园

2008 年，学校推出沪剧艺术扫盲计划，实施沪剧艺术进校园第一阶段的“滴灌工程”，培养学生的高尚情操，激发他们的想象力和创造力，促进专业知识学习，提高学生素质。

在实施之初，学校坚持“在兴趣中培养，在兴趣中普及”的原则，强调用艺术感染学生的心灵，影响学生的品行，还他们一个快乐而有素质的童年。每年引进 1～2 场沪剧艺术表演。上海沪剧院带来的《折子戏》《雷雨》《邓世昌》《心有泪千行》等经典剧目接连在学校上演（图 1）。同时，学校积极探索“走出去”的模式，自筹资金购买了一批优惠演出票，以补贴和免费赠票的形式组织师生到逸夫舞台等专业剧场观看演出，在真正的艺术殿堂与艺术家们亲密接触，在如痴如醉地品味艺术的过程中，逐渐领悟沪剧艺术的真谛。

图 1 沪剧表演

学生在享受戏曲艺术的同时，戏曲舞台上立意深刻的主题、生动的故事情节、鲜明感人的角色形象、高尚的人物品质，更像一本本教科书，陶冶着他们的情操，振奋着他们的民族精神，潜移默化地影响着他们的人生观、价值观。

（二）沪剧艺术常驻校园

通过几年的“沪剧艺术进校园”项目活动，我校与上海沪剧院建立了良好的合作关系。上海沪剧院是国内顶尖的艺术表演剧团，日常演出任务十分繁忙，但只要学校提出需求，上海沪剧院都会想方设法安排满足，并从剧目的选择上给予专业性的参考意见。如果适逢精彩剧目上演，上海沪剧院也会在第一时间将信息传递给学校，安排学生观演。上海沪剧院积极主动地在社会艺术资源和学校教育之间搭建了一座桥梁，为学校的艺术教育和德育教育注入了活力。

基于双方的友好合作，从 2012 年下半年开始，学校适时提出沪剧艺术进校园的第二步计划——从“走进校园”到“常驻校园”，推出“沪剧精选”的活动构想。在剧目的选择上，注重艺术性与教育性的完美统一。学校组织学生观看为纪念“南京路上好八连”命名 50 周年而创作的沪剧《霓虹灯下的哨兵》；在纪念甲午战争 120 周年之期，观看新创剧目《邓世昌》，感悟民族英雄的家国情怀，激发当代学生的爱国热情；组织学生观看讲述特殊党费《回望》的剧目，优秀青年演员洪豆豆、金世杰等“90后”沪剧新秀倾情演出，深深感染了同龄青年，台上台下共同回望先辈的足迹，缅怀先烈的英勇事迹；组织学生观看现代沪剧《心有泪千行》，做好禁毒宣传教育工作，为学生铺建一条通往阳光的健康大道……所有这些演出，凸显了艺术作品的教育性主题。因此，“沪剧精选”作为学校素质教育的补充，已成为我校校园文化的品牌之一。

（三）沪剧艺术扎根校园

学生社团活动是校园文化的重要组成部分，是校园生机、活力和魅力的重要体现，是培养学生综合素质的重要载体。如何丰富学生社团的活动内容，提高活动的质量，成为学校加强育人工作的有效手段，一直是我们在探索和思考的问题。在“沪剧艺术走进校园”“沪剧艺术常驻校园”这两个阶段活动取得良好成效的基础上，学校决定以学生社团建设为载体，以“沪剧艺术扎根校园”为目标，进一步推进与上海沪剧院的合作，使沪剧艺术成为学校德育教育的有效途径，成为校园文化建设的品牌。

学校的合作意向得到了上海沪剧院的高度重视。上海沪剧院院长、著名表演艺术家茅善玉专门召开院务会，商讨合作事宜。2014年3月，上海沪剧院与上海港湾学校共同签署了“共建国家非物质文化遗产传承基地合作协作书”（图2）。由上海市非遗传人、国家一级演员钱思剑担任学校“沪韵社”名誉社长。双方商定，借助“沪韵社”和上海沪剧院“沪剧会馆”两大平台，开展沪剧普及讲座、沪剧沙龙及沪语传播等活动，探索创排沪剧小戏，进一步激发学生欣赏和学习沪剧的兴趣。在学校的港湾礼堂，每月邀请上海沪剧院的演员来表演、安排沪剧普及和欣赏的讲座。“沪韵社”成员在指导教师带领下，每周三进行沪剧基本功训练，排练节目，准备汇报演出等。

图2　揭牌仪式

2015年1月7日，在悠扬的紫竹调中，“上海声音传‘港湾’——高雅艺术进校园之上海沪剧院专场”在上海港湾学校拉开了帷幕。这场演出，同时也是学校与上海沪剧院共建非物质文化遗产（沪剧）传承基地、“沪韵社”成立一周年的庆典演出。著名沪剧表演艺术家茅善玉发来贺信；中国沪剧网等媒体到场祝贺；上海沪剧院黄坚强副院长、王立海团长出席观看了庆典演出。上海沪剧院选择了思想立意高、艺术感染力强的优秀作品呈现给师生，演员队伍汇聚了剧院五位国家一级演员和优秀青年演员，排出了近40位的大乐队，力争达到最佳的艺术效果，演出取得了空前成功。“沪韵社”编排的歌舞版《燕燕做媒》由师生共同登台演出，该节目犹如初放的“白玉兰”素洁幽香。值得一提的，这些参加表演的学生原本都是“哈韩族”，在“沪韵社”的熏陶下，接触并喜欢上了沪剧，充分体现了文化传承的必要性和可行性。2015年3月7日，在上海首届沪剧节闭幕式上，有一个节目赢得了观众的广泛赞誉，那就是勤苑沪剧团团长、国家一级演员王勤表演的《杨柳一家亲》主题曲，而为其伴舞的是来自上海港湾学校“沪韵社”的学生们，也是本次“沪剧节”唯一的在校学生代表。

四、项目实施成效

（一）弘扬和传承了优秀传统文化，提高了学生的人文素养

“沪剧艺术进校园”项目的实施，一方面使优秀传统文化在校园里弘扬，另一方面通过活动的系列推进也使优秀传统文化在校园里传承。这一过程使学生认同和接受了优秀传统文化，浸润了学生的心灵，提升了人文素养。活动开展以来，共组织学生观看沪剧艺术表演16次，期中沪剧表演进校园7场，学生进剧场观看9场，师生与上海沪剧院共建大型活动5次。在学校与上海沪剧院的共同努力之下，在上海港湾学校建立“国家非物质文化遗产（沪剧）教学辅导传承基地”。通过基地建设，每学期将沪剧表演、沪剧讲座引进学校，在全校进行沪剧艺术以及沪语知识的普及教育；开设沪剧表演兴趣班，聘请上海沪剧院一级演员钱思剑为我校专业指导教师，担任我校“沪韵社”名誉社长，由沪剧院专业演员定期为学生教授沪剧专业知识并进行专业表演的指导；组织学生参加“上海市沪剧艺术节”“文明风采”、才艺展示等各类大赛，为学生搭建展示优秀传统文化的平台，传播优秀传统文化。

（二）以沪剧艺术为载体，宣传和传播社会主义核心价值观和中华优秀传统文化

社会主义核心价值观和中华优秀传统文化的精神内涵如何能够入脑、入心，内化于心，外化于行，真正落到实处，“沪剧艺术进校园”项目做了很好的尝试，并取得了宝贵的经验。中职学生所处的年龄段，特别渴望得到艺术的熏陶，追求艺术的享受。我校充分利用这一特点，通过沪剧这一学生普遍喜欢、有着浓厚兴趣的艺术形式，宣传和传播社会主义核心价值观与中华优秀传统文化，让学生在艺术的欣赏和感染中，潜移默化地接受思想教育，使艺术性、娱乐性与思想性、教育性达到了完美统一，使社会主义核心价值观和中华优秀传统文化的教育落细、落小、落实，并取得了很好的成效。

（三）探索出一条德育教育的有效途径

德育教育要选择一种学生易于接受、愿意接受的形式，同时这种形式的内容包含着很强的思想性，具有良好的教育意义，以情动人，以理服人，这样才能取得实效。“沪剧艺术进校园”项目使我校找到了一条有效途径。沪剧作为高雅的艺术剧种，它的内容具有很“高”的立意，包含着思想教育的意义，“雅”表现为很强的艺术感染力，大家喜欢并愿意接受它的陶冶，因而这种“高雅”的艺术，达到了内容和形式的完美统一。沪剧院为我校师生演出的《霓虹灯下的哨兵》《邓世昌》《回望》《心有泪千行》《大雷雨》《苗家儿女》等作品，都充分体现了艺术性和思想性的高度统一。学生在陶醉于艺术享受的同时，不知不觉地接受了思想教育，并且真正做到了入脑、入心，德育教育就是在这样的“润物细无声”中悄然地发挥作用。

（四）“沪剧艺术进校园”项目具有示范辐射效应

“沪剧艺术进校园”项目的实施，弘扬和传承了优秀传统文化，提高了学生的人文素养，使社会主义核心价值观和中华优秀传统文化教育落到实处，为我校的德育教育找到了一条有效的途径，它已经成为我校校园文化建设的品牌项目。在项目开展的过程中，通过沪剧院专业教师的传、帮、带，逐步形成了一支文化素质教育的骨干教师队伍。同时，与其他学校以及共建社区开展广泛的交流活动，邀请高庙居委和庆宁寺居委的居民、武警部队上海九支队和庆宁寺消防中队的战士来我校观看沪剧演出，加大了弘扬优秀传统文化宣传的辐射效应。更重要的是，“沪剧艺术进校园”项目在我校取得了良好的效果，这种成功的模式可以在其他学校加以推广和示范。艺术的形式丰富多彩，除了沪剧，还有越剧、京剧、相声、小品、舞蹈等，各学校可以和这些剧种的艺术团体进行合作，引进高雅艺术进校园，丰富校园文化，陶冶学生情操，提高学生的人文素养，德育教育一定能够结出累累硕果。

留住技艺，传承匠心，让非遗文化薪火相传*

上海市逸夫职业技术学校　孟　瑾

引言　上海市逸夫职业技术学校根据学校专业特点，选择本区服装行业有传统、有特色、被社会公认的非物质文化遗产，以留住技艺，传承匠心，让非遗文化薪火相传为切入点，开展了“让非遗之花在逸夫绽放——逸夫职校非遗文化艺术鉴赏和职业体验”项目。学校通过“非遗文化”进课堂、进教材、进学生实践环节和职业体验等途径，让学生在认识、理解、体验和升华中，提升民族文化自豪感和职业认同感、荣誉感，落实学生职业素养养成教育，也有效促进了学生职业技能的提高。学校的“非遗”项目，近年来获得一系列荣誉，已经成为上海市逸夫职业技术学校德育教育的新品牌。

一、项目实施的背景

上海市逸夫职业技术学校是静安区唯一一所国家级重点中等职业技术学校。学校的服装专业在上海同类学校中具有鲜明的专业优势，是上海市教委在建的重点专业。

学校所在的区域里，龙凤旗袍和亨生西服是两家享有盛誉的百年老字号企业，先后被列入国家级非物质文化遗产名录。它们的特色工艺集海派风韵和民族风格于一体，蕴含着中华传统优秀文化所特有的爱国情怀、敬业精神、创新意识，体现着中华民族职业文化中最深层次的精神追求。它们不仅是中华优秀

---

* 逸夫职业技术学校“让非遗之花在逸夫绽放”校园文化品牌培育项目。

传统文化的瑰宝，也是我校对学生进行中华优秀传统文化教育和社会主义核心价值观教育的十分难得的优质教育资源。

为更好地传承“非遗文化”，我校牵手上海鸿翔百货有限公司等相关企业和学校，共同开展了“让非遗之花在逸夫绽放——逸夫职校非遗文化艺术鉴赏和职业体验”项目，旨在“留住技艺，传承匠心，让非遗文化薪火相传”，使之成为激励学生学习技能，提高综合职业素养的精神动力，实现学校培养“致用达理”、适合社会需要的高素质技能型人才的目标。

二、项目实施的目标和整体思路

坚持以立德树人为导向，引导学生在传承中华优秀传统文化过程中践行社会主义核心价值观，提高综合职业能力，成为“致用达理”、适合社会需要的高素质技能型人才。

充分发挥学校区位优势和专业特色，挖掘区域内现有“非遗”教育资源，丰富“非遗文化”传承的形式；搭建“非遗文化”的教育平台和实践载体，通过“非遗文化”进课堂、进教材、进课外实践活动和职业体验等途径，引导学生在实践活动中提升民族文化自豪感、培养对职业的认同感和荣誉感；探索“非遗文化”传承和专业技能培养有机融合的教育模式，落实学生职业素养养成教育的机制；扩大“非遗文化”辐射面，增强教育效益，使其成为学生成长成才的精神原动力。

三、项目实施的过程

（一）“非遗文化”进课堂，名师授艺，薪火相传

“传以本，习为尚”，每一种技艺都有自己发展的规律。过去，传统手工业靠师傅带徒弟方式传承技艺，这显然已经不适应现代社会发展需求了。职业学校要为社会培养一大批高素质技能型人才，必须在传承的基础上开拓创新，另辟蹊径，探索既适应“非遗”独特技艺传承，又符合职业学校办学目标的人才培养途径。于是，学校主动和知名服装企业联姻，以传授服装传统特色工艺为载体，共同开展传承“非遗”项目。2011 年 6 月开始，在静安区非物质文化遗产保护中心和上海鸿翔百货公司的支持下，“国家级非物质文化遗产名录项目传习所”在逸夫职校挂牌了。传习所的建立，不仅把龙凤旗袍和亨生西服的工艺绝技带进了逸夫校园，也把中华传统特色服装的文化脉络和服装制作过程

中所蕴含的爱岗敬业、精益求精、追求完美的职业精神带进了逸夫课堂。

传习所以师傅带徒弟的传习方式和“小班化”群体教学模式相结合，为学生提供了一种全新的技艺传习和职业价值观体验平台。对学生在传承中华文化中践行社会主义核心价值观具有独特的作用。

2011 年 9 月起，学校又聘请国家级“非遗”传人、龙凤旗袍高级技师徐永良和上海亨生西服制作大师肖文浩，走进服装专业课堂（图 1），让他们和学生面对面亲授技艺。学生在名师手把手地悉心传授和指导下，触摸到了龙凤旗袍和亨生西服特色技艺的精髓，了解了龙凤旗袍“镶、嵌、滚、宕、盘、绣”六字标准和亨生西服“平、服、顺、直、圆、登、挺、薄、松、匀”等十六字口诀。这种名师授艺、学生体验的传习模式，不仅在学生心中实实在在地植入了保护国家非物质文化遗产的观念，而且使学生真真切切感受到特色工艺的魅力，感受到“非遗”独门绝技背后的爱国、敬业、诚信、友善的职业情怀和精益求精、执着专注的工匠精神。大师进课堂至今已经持续了 4 年。

图 1　服装专业课堂

学校每年还派出 2 名教师和 2 名实习学生到龙凤旗袍和亨生西服挂职学习，在全真环境下学习旗袍和西服的制作工艺，体验“非遗文化”的精髓。师生经过一年左右的学习，回校后不仅能娴熟地担任“非遗”传承大师的教学助手，也为学校的课堂教学提供了案例。

“很欣慰，龙凤旗袍手工制作技艺、亨生奉帮裁缝技艺这一中华民族独特的非物质文化遗产，在上海逸夫职校服装专业的学生们手上得以传承和展现。有了发扬光大的希望。”这一番话，是我校学生组队参加上海市“非遗小传人”

评选活动时，与会专家和“龙凤”“亨生”两家企业的非遗大师们给出的评价。在这次评选活动中，我校两名学生获得了“非遗小传人”技能竞赛铜奖。

（二）“非遗文化”进教材，留住技艺，传承匠心

学校借助“非遗”合作项目的优势资源，派出两名专业教师到龙凤旗袍、亨生西服学习传统技艺的同时，还帮助企业进行非遗文化遗产工艺资料的整理和汇编，将原本手口相传的传统工艺，通过文字、图片以及视频资料等形式加以保存；协助企业编制了旗袍、西服制作的标准工艺流程；编写了龙凤旗袍、亨生西服制作工艺的教材；制定了“龙凤旗袍手工制作技艺”和“亨生奉帮裁缝技艺”教学的课程标准，并把这两门课程正式纳入服装专业的课程体系中。此举不仅从理论上总结了“非遗”传统技艺，使之得以长期留存，并为学生进行理论实践一体化学习提供了系统的学习教材，使学生在校园内受到规范化、标准化的工艺操作训练，为学生掌握真功绝技，传承“非遗文化”打下了扎实的基础。

目前，学校以专业课程、选修课程和拓展课程等多种形式，先后实现了龙凤旗袍、亨生西服（亨生奉帮裁缝技艺）、珠心算等非物质文化遗产走进逸夫课程体系，实现了中华传统文化传承和专业技能训练的有机结合（图 2）。

图 2　“非遗”走进逸夫体系

（三）“非遗文化”进学生实践活动，致用达理，落地开花

学校坚持“致用达理”的为学理念，研究开发了“职业梦想”系列德育实践活动。把“非遗文化”的传承与学生综合职业素养培养融合在职业体验中，通过“逸想秀”、益工坊创意集市等学生职业体验活动，让学生感受创作的快乐，体验艺术作品中的匠人情怀，在“致用达理”的职业实践中落实综合职业素养的养成教育，也为“非遗”文化在校园落地开花提供实践平台与载体。

在学生创意作品展示现场，家长们看到一件件制作精美的旗袍和西装，得知是学生一针一线亲手制作时，激动地说：“这让我不敢想象，这些作品凝聚着老师和师傅的共同心血，也离不开同学们自己的努力。在此，作为家长，我要特别感谢这几位师傅和学校里的专业老师，没有你们的悉心培养和真情付出，也不会有这么多制作精美的作品。”

学校还积极组织学生参加“上海市中小学弘扬中华优秀传统文化主题月”系列活动、上海市非遗项目展示活动、上海市布艺作品大赛、非遗课程走进“艺术宫”“工匠精神在逸夫传承”等活动，不断加强非遗文化的宣传和倡导，扩大社会影响力，增强学生传承优秀文化的信念，促进“非遗”文化在校园落地开花。

学校还根据企业选拔“传人苗子”的设想，选拔部分学生，重点培养“非遗小传人”，学有所成者，毕业后直接进入企业。曾荣获第四届上海市“星光计划”中等职业学校职业技能大赛服装制作项目（国家职业资格鉴定四级——全能）二等奖的学生李蕊玉和其他两名获奖学生，毕业后就留在“龙凤”和“亨生”就业，成为新一代“非遗”传人。

（四）“非遗文化”走进艺术宫，拓宽“非遗”项目辐射面

借助上海市教委开展的“走进艺术宫”项目，我校以“非遗－旗袍”项目为切入点，将“非遗”项目成功带入“艺术宫”，在宣传非遗文化的同时，面向社会开展职业体验活动，拓宽“非遗”项目的辐射面。

在上海市中华艺术宫，我校的“非遗”宣传活动，被称为“多元课堂”。它分为两个板块，一是介绍旗袍文化和龙凤旗袍的技艺，以及中国传统服装的文化魅力；二是职业体验活动，由专业教师和工艺大师传授制作旗袍盘扣的工艺，而逸夫学生则在现场作为“小老师”，为大家答疑解惑，教大家从看到懂，再到做。“多元课堂”不仅吸引了上海的家长和小朋友的眼球，一些国际人士也会饶有兴趣地积极参与其中。

“走进艺术宫”活动已举办了三期，活动不但让学生有机会发挥所学技艺，让更多的人了解中华民族博大精深的传统文化，也让学生在实践中，对中国传统文化的精髓和精神价值有了更深刻的理解，由此萌生对职业的尊重和自豪感，从而坚定要成为高素质劳动者和技能人才的信念。

四、项目实施的成效

“让非遗之花在逸夫绽放——逸夫职校非遗文化艺术鉴赏和职业体验”项目，提高了学校德育的有效性，推动了学校德育工作的创新。对于促进学生在传承中华优秀文化中培育和践行社会主义核心价值观，提高职业素养，具有深远的教育意义。

（一）促进了“非遗”文化的传播

我校的“非遗”项目，提升了逸夫学子和合作学校对非遗文化的认识力、感知力和鉴赏力，让学生感受到了中华传统文化的内涵与魅力，认同并自觉践行爱国、敬业、诚信、友善的社会主义核心价值观，同时也扩大了非遗文化辐射面。三年来，我校几乎每年组织师生参加区、市文化局组织的“非遗”日宣传活动。例如，静安区“百年静安海派风”，上海市“非遗小传人”宣传活动，上海市“环保达人”创意活动等。这些活动产生了广泛的社会影响并取得了优秀的奖励。我校与企业合作传承“非遗”的项目，被评为“静安区十大文化事件”。我校被教育部授予“传统特色工艺示范教学点”称号。上海电视台、中央电视台、静安教育等多家媒体都报道过我校的合作成果。特别是我校在上海市“非遗小传人活动”中获得铜牌后，又受到了中央电视台多次采访并参与拍摄专题节目。

（二）提升了学生专业技能

学校开展的“非遗文化”进课堂、进教材、进校园、进学生实践活动和职业体验活动等举措，将“非遗文化”的传承与职业技能培养融为一体，将“留住技艺，传承匠心”落实到学生综合职业素养的养成教育中，为社会主义核心价值观教育落实、落地、落细提供了合适的载体。学生通过参与实践活动，培养了职业精神，体验了艺术作品中的匠人情怀，也学到了市场、企业所需要的技能。因此学生毕业以后都能够比较顺利地被企业接纳，尤其是一些有对口专业的大专院校，纷纷希望我校服装专业毕业生继续深造。我校服装专业学生参加了每一届“星光计划”比赛，每一次拼搏换来的都是满载而归的荣誉。无论是立体剪裁和平面制版等单项比赛，还是服装制作与服装设计项目的全能比赛，逸夫学子的表现都相当不俗，充分体现了我校服装专业学生高水平的专业技能和职业素养。

（三）为学校教学改革奠定基础

学校为“非遗”传习所设置的工作实训、教学场所、非遗传习所、服装制板实训室、“非遗”作品展示室等投入了100多万元资金，添置各种设备用于“非遗”教学传承，为继续和传承“非遗”文化遗产以及学校专业教学发展奠定了物质基础。

五、项目实施后的展望

为了“非遗”更加发扬光大，薪火相传，为了更加深入地提升学校服装专业的发展水平，为国家和社会培养更多的人才，我校将继续开拓，推进传承“非遗”项目，在以下三个方面进一步探索与实践。

（一）加强特色工艺“传习所”的建设和“大师工作室”的硬件建设

继续推进传统特色工艺进课堂，同时委派新一批专业教师到企业轮岗进修；进一步探索服装专业精品课程以及相应校本教材建设。

继续投入资金，推进龙凤旗袍小型展览馆、亨生西服特色工艺“传习所”实训基地建设和实训设备更新。

（二）拓宽校企合作途径

与企业共同探索工学交替和产教结合的人才培养模式，依托“非遗传习所”平台，引进工艺大师亲自授艺和工作项目，把龙凤旗袍、亨生西服的特色工艺实训与教学紧密结合起来，构建教育部提倡的“作品—产品—商品”的专业教学模式，在为企业输送“非遗传人”的好苗子，在企业自身大力开拓发展的同时，为学生就业提供更广阔的空间。

（三）加强非遗文化的宣传和倡导，营造校园氛围和社会影响力

把悠久文化传播和传统工艺创业史教育作为校本德育的一项内容，增强学生传承优秀文化的责任感和创业、成才意识，一如既往地开展和参加各项与“非遗”有关的市级、区级、校级活动，不断促进非物质文化遗产的传承和发展。

15 分钟，助力中职生拥有更美人生*

——鲁班魂　工匠心

上海市南湖职业学校　周　绮　杨　柳

引言　上海市南湖职业学校开展的“修身”教育，适应了社会对职业学校学生素质的需求，也满足了职校学生提高道德修养和完善人格的需要。学校以中华传统文化为载体，以学生实践体验为形式，将校本教材编写、“微型课程”和“修身”实践活动作为基本环节，形成了“修身”主题校园文化。让学生在浓郁的传统文化熏陶下，在德育无痕的实践体验中，感知文化，体验规范，蕴养修养，立德树人。达到了培养学生良好的道德品质和提升职业素养的目标，促进了学生职业生涯的可持续发展。同时，亦创新和丰富了学校德育形式和内容，提高了学校德育的针对性和有效性。

一、项目实施的背景

现代社会对学生的素质提出了更高要求，《教育部、中宣部等六部委关于加强和改进中等职业学校学生思想道德教育的意见》（教职成〔2009〕11 号）中指出，加强和改进中职学生思想道德教育的重要任务是：以爱国主义和改革创新教育为重点，开展中华民族优良传统和中国革命传统教育、民族团结教育、形势政策教育，引导中职学生树立民族自尊心、自信心和自豪感，培养改革精神和创新能力。《国家中长期教育改革和发展规划纲要（2010—2020年）》也提出，“创新德育形式，丰富德育内容，不断提高德育工作的吸引力

* “修身教育”校园文化品牌培育项目。

和感染力，增强德育工作的针对性和实效性。”

在项目开展前期，学校经过广泛调研发现，社会和用人单位对现代服务业从业人员的要求，不仅要有专业和职业技能，更要对职业人的品德素养、礼仪规范等成长性关键要素有共性要求。为此，学校以立德树人为目标，以提高学生道德品质和职业素养为基本要求，并结合我校近年来深入研究和开展的弘扬中华民族优秀传统和以人为本的教育理念相结合的教育研究成果，开展“修身”教育项目的探索与实践，旨在让学生在提高专业知识和职业能力的基础上，注重塑造职业人良好的个人修养，形成良好的文明习惯和礼仪规范，把学生培养成受社会尊重、具有良好的文明修养、能适应社会需求的合格职业人。

二、项目实施的目标和整体思路

打造德育品牌项目，创新教育形式，探索德育工作的新途径、新内容。丰富校园文化内涵，通过建设“修身文化”，探索和实践将中华传统文化教育和社会主义核心价值观培育融于学生综合素质提高过程中，让学生形成正确的世界观、人生观和价值观，并实现“知行合一”的修身目标，点亮学生未来，为学生职业生涯的可持续发展奠定扎实基础。

建设修身课程，以中华传统文化为载体，根据学生的年龄特征，结合学生的生活实际，科学规划教育内容，使各阶段教育内容互相衔接、循序渐进；改进教育教学方法，寓教于乐，增强教育的针对性和实效性。

实施“修身”教育，培养学生良好的个性品质和健全人格，引导学生主动实践、体验和感悟，内强素质，外塑形象，并坚持学校教育与家庭教育、社会教育协同配合，形成教育合力，培育有专业、有技能、有素质、有格局的南湖学子。

三、项目实施的过程

（一）编写修身校本教材

分析传统德育教材，我们发现，除普适性教育内容外，职业学校尚需根据学校所在行业和专业特点，以及国家对中职学生进行中华传统文化教育和社会主义核心价值观培育的要求，将教育内容具体落实、落细、落地，使之更有针对性和有效性。由此，学校萌发了编写“修身”系列教材的想法，并于2012年7月开启了“修身”校本教材的编写与建设项目。

“修身”校本教材，以中华传统文化为载体，结合职业教育特点和学生职业素养培养要求，注重年龄和专业的差异，层层递进、环环相扣，形成贯通三个年级的系列校本教材。即以《弟子规》为主干的微型修身基础型课程，以《礼仪与修养》为主干的微型修身提高型课程，以《综合职业素养》为主干的微型修身职业型课程（图1）。

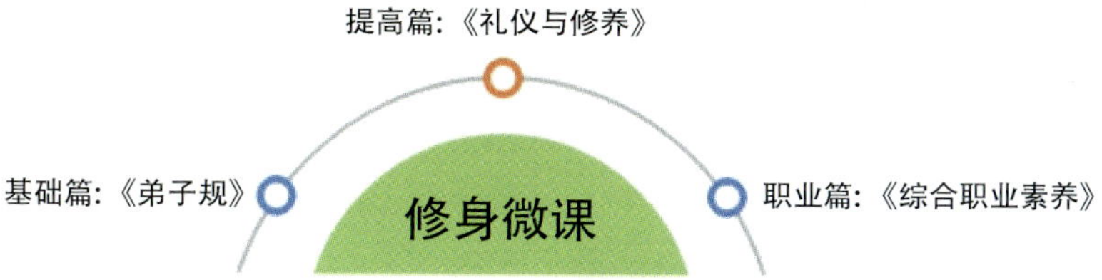

图1 “板块式”微型德育课程群

修身基础型课程教学内容的底本是《弟子规》，得之于中华优秀传统文化，通过传统文化传播和学习，将传统文化的修身理念融入学生日常行为习惯的养成过程中。从“尊长、爱幼”“衣食、住行”“谨言、慎行”“诚信、交友”“仁爱、和谐”到“学文、习惯”等，涵盖个人修养、道德、伦理、规范，成为一年级学生的必修课。而二年级教材以《礼仪与修养》提高型课程为主干，从准职业人的角度切入，形成“诚信、礼仪、习惯、沟通、安全、自律、感恩”七个模块系列课程，并通过微视频、微论坛等多种途径，制作了25个微课资源。微课素材来源于学生生活，关注学生的思想、情感、体验和行为。例如，“沟通——同伴沟通”微视频中的三个案例都来源于学生生活片段。微型修身课程中的每一个案例、每一个故事、每一个体验任务都有其各自的生活情境，强调教育在真实而富有意义的生活情境中进行。学生在生活情境中体验感悟、潜移默化，养成道德习惯，教育目标也水到渠成。三年级则以《综合职业素养》为主干，形成微型修身职业型课程。在短短的15分钟内，让学生领悟一个道理、获得一个反思，让学生在实践中体验、在体验中提升，帮助学生将自我打造成为社会尊重、形象良好的准职业人。

（二）开设修身课程

学校对常规晨读课进行改革，每天从7时45分开始，用15分钟为学生定制了必修课——微型修身课程。在15分钟里让学生领悟一个道理，传播一种习惯。

每一堂微型修身课，都是有目的地创设恰当情景，引导学生积极参与。学生通过体验、讨论、内省、分析、评价、提升、形成经验，完成整个主题教育。每一个主题活动的体验都能够得到结果反馈，反映了真实的学习过程和学习效果。例如，在“礼仪——着装礼仪”中，学生是否会穿着职业装，通过当场尝试，展现整个体验活动的过程与结果，从而形成自己的经验（图 2）；在“沟通——同伴沟通”中，通过对微资源中案例的反思体验和实践体验，让学生找到自己的不足，然后开始寻找答案，形成经验，从而内化为自己的道德准则（图 3）。

图 2　“礼仪”修身微课课堂

图 3　“情绪”修身微课课堂

学校 TAFE 专业的学生，由于专业特殊性，有些学生在产生了些许优越感，认为自己的专业能力比其他同学强，部分学生由此放松了对自己日常行为规范的约束，尤其是不按规范穿着校服，以此来体现自己的“特殊”。针对这一现象，班主任朱老师选取了微课中“文明礼仪——职业装校服”这一主题进行教学。借助微课，使学生明确穿着职业装的重要性，还要求班级学生学习职业礼仪操，让学生对职业要求有了直观的印象。俗话说：“眼过千遍不如手过一遍”，通过一系列的教育，使学生对穿着职业装，由外在的“被要求”转化为内在的“我需要”。

有一个 7 分 03 秒的课程微视频，曾让几乎每个上课的学子泪盈于眶。那是“感恩”系列中的一章：视频的主人公叫管莹，是南湖职校的优秀毕业生，她毕业后留学法国，获国际银行金融硕士，学成归国后正准备展开美好人生，却发现身染重病。她虽然没能战胜病魔，却在离世前留下最后的心愿：将身上所有健康的器官，全部捐献出去，回报社会……学姐用人生写就的故事，让学弟学妹们无不动容。而视频最后的问题，让更多人不止于感动——“有人说，这样的行为非常伟大，但是真到了自己身上，绝对无法接受，你怎么看？”问题一出，学生们讨论激烈，对社会的责任、如何回馈、怎样的生命更有价值……一些很少有过的思考，在学生心中燃起火苗。

还有一堂令人印象深刻的修身课发生在2014级的某班上。当时的主题是：社会流行文化。“来说说你身边的社会流行文化，它们有哪些好的方面，哪些不好的方面？”平时爱打游戏的张劼寅和好几个男生，抓住机会跟老师分享科普游戏如何吸引人，可以带来认同感和骄傲；女生讲流行文化的同时，把自己的追星爱好都说漏嘴了。“大家说得都很好，我们可以更关注流行文化中蕴含的正能量，并与其呼应。比如打游戏，既然可以那么努力从中获得成就感，何不更合理安排好学习和休闲时间，在现实世界里骄傲一把？”准备充分的朱老师侃侃而谈，“追星，其实也体现了这个年纪对美好的认知和追逐，老师以前读书时，也追过王力宏呢……”短短几分钟，让讲台上下，笑声一片。大家在这门小小微课中交流、思考，师生共同成长。小课程蕴含了大道理。每天这15分钟，落实学生基本道德素养培养过程，助力学生拥有更美人生。

（三）创建修身主题校园文化

以微型修身课程建设为依托，学校还根据企业对准职业人综合素养要求，结合专业发展，创建了以“诚信、礼仪、习惯、沟通、安全、自律、感恩”为主的修身主题校园文化，进一步推动校园文化建设，提升校园文化品位。通过丰富多彩的实践活动，引导学生将“修身”与立德树人、文明习惯养成和职业素养提高结合起来，将自身的基本修养和关心他人、服务他人结合起来，增强学生的社会责任感、历史使命感和道德追求。学校开展“十佳礼仪之星”评比展示活动，提升了学生的形象素质，发挥了榜样引领作用（图4），进一步激发了学生对修身课程的学习兴趣。结合学校的德育6S管理，将修身文化融入规章制度的实施执行中，物化于校园环境，浸润于职业素养培养。构建“多元多维多方式结合”的学生道德素养评价方案，促进学生形成良好的思想道德品质和行为习惯。项目包含能力、素养、习惯三个方面，弱化知识性考核，强调平时表现。同时，采用形成性评价与总结性评价、静态评价与动态评价相结合的方式，由教师、学生、家长、企业共同参与考评，有效提升了学校的校风建设，提高了学生的综合素质。

图 4 “十佳礼仪之星”评比

四、项目实施的成效

经过几年的实践，学校的修身教育项目取得了较好的效果。

（一）“修身”校本教材，创新和丰富了学校德育形式和内容

“修身”校本教材，从学生特点需求出发，以“立德树人”为目标，将中国传统文化教育和社会主义核心价值观培育，融入学生日常细微习惯的养成教育中，不仅对现有德育教材起到了拾遗补阙的作用，而且细化和落实了学生道德品质和职业素养的培养要求。教材内容精炼鲜活，注重细节培养，强调与社会现实、学生真实生活的链接，为学生喜闻乐见。课程在实施顺序、进度等方面依据学生兴趣与教学需求调节，辅以多种形式的考核评价方式，便于操作实施和对照学习，真正体现了“以学生为本”的教育理念，适应了时代需求和提高学生道德修养和完善人格的需要。创新和丰富了学校德育形式和内容，增强了学校德育的针对性、实效性。

（二）“修身”微型课程，助力学生成长

“修身”微型课程，主题聚焦学生道德品质培养和中华优秀传统文化教育和社会主义核心价值观培育，教育目标具体而清晰，使小课程蕴含大道理，有利于学生最终形成正确的世界观、人生观、价值观。课程的设计，按学生的认知特点，通过情景再现、模拟、案例分析等活动项目来组织教学，倡导学生在活动中体验并实践。使学生在思想层面从认知、到理解、再到信念的提升，在行为层面从偶尔模仿、到养成习惯、再到慎独的提升。最终形成正确的世界观、人生观、价值观，并实现“知行合一”的修身目标。富于时代感、充满生命力的教育形式，使德育具有艺术性和感染力。

（三）“修身”校园文化，提升学生职业素养

学校的“修身”主题校园文化，以“体验实践”为载体，将中华传统文化熏陶和社会主义核心价值观的培育融入形式多样的实践活动中。“修身”实践活动，在校园营造了良好的育人氛围，各类学生都能学有所得、习有所获、悟有所信，体现了教育无痕的特色。学生不仅可以从价值取向上认同社会主义核心价值观，更能促进学生将“修身”与立德树人、文明习惯养成和职业素养提高结合起来，从而提高其就业的适应力和竞争力，促进学生的可持续发展。

学生参与多项市区大型活动的礼仪服务工作，受到高度评价。在法律知识竞赛、时政大赛、创新创业大赛等活动中获市级以上奖项300余个。学校志愿服务团队被团中央批准为国家级重点团队。学校连续五届获得全国中等职业学校文明风采竞赛优秀组织奖。近1 700名毕业生活跃在各行各业中，2015年至2017年，我校毕业生就业率分别为97.85%，97.99%，99.61%，稳定率为98.48%，学生素质备受好评，学校声誉不断提高，形成了“进口旺、出口顺”的良好态势，学生就业优势递增。

由微型修身课研究实践而形成的南湖修身文化，在2016年被评为上海市中职校园文化建设十大优秀项目。2017年9月，《解放日报》和上海教育也分别报道了我校的微型修身课“15分钟，用微课让孩子们领悟一个个道理”的新闻报道。励辉、高美等一批班主任被评为上海市中职系统优秀班主任及虹口区优秀班主任，杜苹等敬师获上海市中职班主任基本功大赛二、三等奖。芦秀兰校长被评为2017年上海市教书育人楷模。

五、项目实施后的展望

我校的“修身文化”虽然取得了很大的收获，但我们清醒地看到，“修身”教育实施过程中，学生的态度有一个逐步变化的过程：学生从旁观者到参与者，再到创建者是一个渐进的过程。修身教育的开展获得了初步成功，但还有进一步完善的空间。一是在课程内容上需要进一步进行梳理和拓展，诚信、礼仪、习惯、沟通、安全、自律、感恩七个模块还远远无法涵盖修身的全部内容，下一阶段我们需要进一步思考；二是在教学形式上要进一步丰富和促进知行合一；三是要继续构建学校、家庭、单位三位一体的课程实施体系，真正让我校的“修身”课程无处不在，融在日常。

博文雅人·转识成智 孝德励志·美丽转身*

上海市经济管理学校　石婕健

引言　“百善孝为先，孝为德之本”。孝是中华民族优秀传统文化倡导的品行美德，是一切德行的根本，是世代相传的宝贵精神财富。上海市经济管理学校在开展社会主义核心价值观和中华优秀传统文化教育的过程中，通过“孝德文化进校园”项目的实施，弘扬和传承了中华优秀传统文化，初步构建了“孝德文化进校园”的教育体系，引导学生崇尚孝德，践行孝道，促进学生感恩人格的形成，提高了学生的综合素养。使社会主义核心价值观和中华优秀传统文化的教育落到实处，为我校的德育教育找到了一条有效途径，取得了良好效果，它已经成为我校校园文化建设的特色品牌项目。

一、项目实施背景

如何培养中职学生既有高超的技能，又有良好的人文素养，满足行业企业对人才的需求，一直是学校积极探索和实践的目标。近年来，学校始终以立德树人的精神为指导，立足于学生实际，倡导“美丽转身”的办学理念并智慧践行，不断深化理念内涵，提炼出办学八字精华——博文雅人·转识成智。学校始终以“博雅校园”为校园文化建设总目标，以“孝德文化进校园”项目为抓手，加强校园孝德文化建设，弘扬和培育学生的孝德，引导学生把对父母、对家庭的孝，拓展推延到对集体、对人民、对社会、对祖国、对民族的热爱，从

* 上海市经济管理学校“孝德文化进校园”文化品牌培育项目。

而帮助学生树立良好的道德品质，不断提升学生整体的人文素养，坚持把社会主义核心价值观与中华优秀传统文化的教育落细、落小、落实。孝道文化建设已成为学校“博雅校园”文化的重要组成部分，成为校园文化建设的品牌项目。

二、项目实施目标与思路

将倡导孝德文化与开展社会主义核心价值观与中华优秀传统文化教育有机融合起来，以“让孝德文化浸润每个学生的心灵”为工作理念，不断创新工作思路，丰富活动载体；以“孝德文化”进教材、进课堂、进活动、进网络、进教师队伍和评价体系为途径；以道德讲堂、校本课程、“孝德”主题教育活动为载体，号召学生多说感恩话、多做孝敬事，让学生学会感恩、学会孝道、感知孝心、感悟孝德、实践孝行，形成从爱父母、爱亲人、爱家庭，到爱集体、爱国家、爱社会，以“小孝”博“大孝”，继承和发扬中华优秀传统文化，提升学生的人文素养，提高学校德育工作的针对性和实效性。

三、项目实施过程

（一）广泛宣传引导，创建活动环境

1. 拓宽宣传渠道，统一思想认识

通过召开“孝德文化进校园”动员会，主题班队会，国旗下讲话，电视台专题节目，发起倡议书，悬挂横幅，签名仪式等多种形式，向全校师生广泛宣传活动的重要意义，统一思想认识。

2. 创建文化环境，营造活动氛围

将“孝德文化进校园”与校园文化建设相融合，在校园道路、楼门厅、楼道、教室、操场等显要位置，制作了一批弘扬“孝德文化”、倡导孝德的标语、格言、图文等，传播孝文化丰富的精神内涵；制作并展示学生以孝文化为主题的绘画、手抄报、黑板报等，通过宣传栏、电子屏、网站、刊物、广播站、电视台等宣传阵地和平台，大力宣传“孝德文化”，营造活动氛围。

（二）开发整合资源，融入课程教学

1. 开发校本教材

整合“孝德文化”校园资源，结合校本教材建设，编著《家风家训家规故事》《二十四孝故事》等校本读物。

2. 举办主题班会

通过主题发言、班级讨论等形式，帮助学生深化对“孝德文化”内涵的理解。

3. 开设道德讲堂

以选修课的形式开设道德讲堂，邀请大学教师开设“孝德文化”的专题讲座。

4. 融入课堂教学

把孝德教育纳入学校的工作计划，有安排、有步骤、有目的地在课堂教学中渗透“孝德文化”。教师通过深入研究现行各学科教材，挖掘、提炼孝德教育的主题目标，利用课堂教学主阵地，通过备课、作业、研讨等形式，把“孝德文化”融入教学过程中去。

（三）开展各类活动，践行孝德文化

1. 开展“孝德文化”的各类活动

结合“孝德文化进校园”的活动，校博雅社团联合会、校易班工作站组织和引导广大学生积极参与各项丰富的活动，开展“孝文化”专题节目创编比赛、征文比赛、“爱心义卖”“爱校荣校·感恩母校”“小孝星”评选等多个主题活动，在实践活动中体验和感悟孝之心、孝之行、孝之道（图1）。

图1　“孝德文化”活动

2. 探索“孝德文化”进家庭

加强家校联系，形成家校互动氛围，共同将孝德教育落到实处。家校联动形成教育、监督的合力，引导学生在日常生活中说感恩话，做孝敬事，读孝德书籍，写孝德文章，养成孝敬美德。鼓励学生分享家庭孝德故事，促进孝德品行的养成。

3. 弘扬孝德经典

国学经典是我国的文化瑰宝，它融汇着民族智慧和思想精华。借助艺术节、读书节等活动，加大国学经典中“孝德文化”的阅读，引导学生诵读《论语》《孟子》《弟子规》，背诵经典古诗文，在学生的心灵中浸润“孝德文化”的品德修养（图 2）。

图 2　弘扬孝德经典

4. 鼓励校外践行孝道

通过社校共建、军校共建等形式，有效整合社会“孝德文化”的教育资源，搭建践行平台。将志愿者活动中融入“孝德文化”的教育，开展“情暖重阳节·心系老教师”，成立敬老院服务志愿队，建设孝德教育基地等活动，把孝德文化和孝德品行延伸到社会。

5. 借力现代媒体拓宽传播渠道

充分运用信息化技术，建立专题网页，开发微信平台等，大力宣传“孝德”文化，及时报道学校开展教育活动的情况，扩大“孝德文化”的教育影响力。

（四）开发校本课程与校本教材，实现孝德教育课程化

把孝德教育纳入校本教材编写之中，分年级段编写校本教材。借助主题课程实验，实现孝德教育课程化。把孝德教育纳入学校的工作计划，做到有计划、有步骤、有目的地开展孝德教育活动。组织教师深入研究现行各科教材，挖掘、提炼孝德教育主题目标，利用课堂教学主阵地，通过备课、作业等形式，实现孝德教育课程化。

四、项目实施成效

（一）初步构建了“孝德文化进校园”教育体系，引导学生崇尚孝德，践行孝道，促进学生感恩人格的形成

1. 一个目标

通过课程学习和实践体验活动，使学生学会感恩父母，感恩师长和朋友，感恩集体和社会，把学生培养成具有“孝心”“爱心”“诚心”的人，促进学生感恩人格的形成。

2. 一套教材，一节课

组织编写了“孝德文化”校本教材，每周每班安排一节课进行校本教材的系统学习，使“孝德文化”的教育深入学生心灵。

3. 三个概念

明确并践行“三心”：“孝心”，即“孝顺之心”，就是感恩父母；“诚心”，即“赤诚之心”，就是感恩他人；“爱心”，即“仁爱之心”，就是感恩社会。

4. 三个维度

融入学校德育工作的整体中，明确“孝德文化”教育的三个维度：一年级重点为养成教育；二年级重点为孝与公民意识教育；三年级重点为孝与理想教育。

（二）顶层设计，制度保障，全面推进，参与人数多，受益面广

校领导高度重视开展“孝德文化进校园”项目，通过顶层设计、制度保障、广泛宣传、课堂渗透、讲座培训等各项措施，全面推进。师生共同参与项目的系列活动，热情高涨，主动为活动献计献策，活动形式丰富多彩，活动内容深入人心，覆盖人数多，受益面广。

（三）通过软、硬件建设，营造了良好的“孝德文化”氛围，孝道教育已成为校园文化特色品牌项目

在开展“孝德文化进校园”活动的过程中，学校以“孝德文化”为抓手，多管齐下，通过软、硬件建设，营造良好的“孝德文化”环境，广泛宣传和传播“孝德文化”的精神。系列活动的开展，锻炼了学生的团队合作、影视制作、古诗文鉴赏、阅读和写作等能力，同时，学生的综合素质也在活动的组织和开展中潜移默化地得到提升。学生在学习和生活的过程中，得到了“孝德文化”的熏陶和浸润，“孝德文化”教育已经成为校园文化的特色品牌项目。

（四）“孝德文化”激励学生修身养性、锤炼品行，促进学生综合素质的全面提高

学校在学生中大力倡导“国为荣”“和为贵”“孝为先”“人为本”的文化理念，牢牢把握德育工作的正确方向，使学生养成良好的道德品行，首先成为“政治上可靠”的人。同时，在提升文化素质上，把“孝德文化”中“励志”的要求具体化，分阶段制订计划并实施，既注重理论知识的积累，又注重专业技能的提升，着力把学生培养成为知识面宽、素质优良的复合型人才，促进学生综合素质的全面提高。

五、项目实施的展望

在“孝德文化”进校园的后续工作中，学校将进一步发挥优秀校园文化的育人作用，强化顶层设计，着力进一步构建新型孝文化的校本课程体系，围绕三个概念，编写一套教材；明确并践行“三心”；组织编写贴近中职学生实际的《走进孝文化》系列校本教材，每周每班安排一节课进行校本教材的系统学习或进行专题讲解，让学生知道哪些该做、哪些不该做、怎么去做，从而使学生养成良好的生活习惯，培养学生的责任心和爱心；在教育活动过程中，注重提炼“孝德文化”教育案例，并进行广泛的推广，发挥成功案例的示范辐射作用，切实让孝文化走进学生，成为促进学生素质提升、技能增强的又一抓手，实现“孝德励志·美丽转身”。

传承红色基因　厚植爱国情怀*

上海市商贸旅游学校　白　翎

引言　学校在社会主义核心价值观的教育中，坚持落细、落小、落实的原则，以“立德树人”为出发点，以传承“红色基因”文化品牌项目为抓手，以弘扬红色文化的活动为载体，使学生在活动中了解革命历史，感悟爱国情怀，坚定理想信念，承担起新生代青年所肩负的使命与责任，把他们培养成为听党话、跟党走的社会主义建设者和接班人。

上海市商贸旅游学校（以下简称“商旅校”）从“立德树人”这一根本任务出发，结合学校所在地贵州路101号的历史，力争把红色资源利用好，把红色传统发扬好，把红色基因传承好。同时，充分利用社区红色资源的优势，构建学校传承“红色基因”文化品牌项目，让所有商旅校的学子能够深刻知晓：100年前，校园里每一栋楼宇中都发生着可歌可泣的反帝反专制的斗争，无数革命志士仁人抛头颅、洒鲜血。通过这一活动，将爱国主义教育做细、做实，在润物细无声中入脑入心。学生参与面之广，影响之大，效果之突出，都是空前的，取得了良好的育人效果。

一、项目实施的背景

在开展社会主义核心价值观和中华优秀传统文化的教育过程中，学校始终

---

* 上海市商贸旅游学校传承“红色基因”文化品牌培育项目。

探索和寻找一种学生喜欢、乐于参加的活动载体，通过这一载体弘扬和传播社会主义核心价值观和中华优秀传统文化，使之浸润学生的心灵，根植学生的大脑，提升学生的人文素质，从而使社会主义核心价值观和中华优秀传统文化教育落到实处，真正取得实效。

我校的历史资源提供了丰富的教育素材。学校所在地贵州路 101 号内的老闸捕房为黄浦区文物保护单位，其中一栋教学楼是当年老闸捕房旧址，是当时工部局设立的第一个分区巡捕房。这栋教学楼所在地原本是审讯大楼，地下设有水牢，专门审讯和关押爱国人士。日本投降后，国民党接收了老闸捕房，许多共产党员、爱国进步人士、大批优秀中华儿女在这里关押后被押解到国民党中统、军统特务机关后遭到审讯和杀害。血腥与恐怖无处不在，人们把老闸捕房比作“鬼门关”。这里曾关押过人们熟悉的“左联五烈士”，而历史上大闹会审公廨、五卅运动等事件也都与这里息息相关。1925 年，中国共产党员、工人阶级代表顾正红惨遭杀害，他的牺牲成为五卅运动的直接导火线，当时的老闸捕房也参与了五卅运动的镇压。可以说，学校的每一寸土地都蕴含着生动的“红色基因”，通过传承“红色基因”文化的活动，挖掘其中的红色细胞，将一个个鲜活的红色经典故事串联起来，让学生了解革命历史，感悟爱国情怀，培养他们的历史使命感、责任感，帮助他们坚定理想信念，树立正确的世界观、人生观和价值观。

二、 项目实施的目标和总体思路

通过项目的实施，使学生深刻了解革命历史，认识到今天幸福美好的生活是无数先烈前赴后继、流血牺牲换来的，亲身感悟先烈的爱国情怀，激发爱国热情，厚植爱国精神，培养他们为中华民族伟大复兴肩负的责任感和使命感，坚定理想信念，做一个听党话、跟党走的社会主义事业的合格建设者和接班人。同时，通过这一载体使社会主义核心价值观和中华优秀传统文化的教育落细、落小、落实。

通过“统筹规划方案，协调部署实施”“组建学生讲解员队伍，践行知行合一”“跨界馆校合作，推进‘红色基因’的传播”“丰富活动内容，强化爱国情怀”“进教材进课堂，‘红色基因’入耳、入脑、入心”等多个环节，持续、深入、广泛地开展和推进项目的实施，培育校园文化建设品牌。

三、项目实施的过程

（一）统筹规划方案，协调部署实施

在学校党总支的领导下，集合学校各部门的领导，统筹规划项目方案，制定项目实施细则，完成项目开展的顶层设计。同时，校领导责成校文物专业组、校旅游专业组、校团委、学生会、档案室相关部门的教师和社团学生，明确职责，落实工作要求，确保活动有效开展。相关部门的教师及社团学生充分利用校内、校外资源，查阅档案，寻访专家，撰写讲解稿，设计活动的各个环节，力求用翔实的材料、准确的数据，全方位还原老闸捕房和先烈英勇斗争的历史，跨时空对话革命先辈，敬仰他们爱国奉献的情操。

（二）组建学生讲解员队伍，践行知行合一

学校老闸捕房和先烈英勇事迹历史的讲解员队伍由学生担任。学生通过亲身参与讲解活动，一方面更加深入地熟知和理解这段革命历史，根植爱国主义情感；另一方面，每一次讲解不仅感动着自己，也感动着每一个现场的嘉宾，使自己的思想和行动得以升华，达到知行合一的境界（图 1）。2019 年 5 月 10 日，我校继续开展传承“红色基因”的活动，与会嘉宾参加了主题为“商贸微行走”的实践体验，循着老闸捕房和五卅运动旧址的红色线路，穿梭于老照片、老物件之间，仿若时空交错，历史触手可及。本次活动讲解，采用了定点

图 1　学生讲解员队伍

定位的方式，每个讲解点设一名讲解员，讲解完成后指引嘉宾前往下一个讲解点。学生在讲解的过程中经常热泪盈眶，活动现场的嘉宾无不为之动容，在传播红色文化的同时也使“红色基因”无声地浸润自己的心灵。学生讲解员队伍以社团的形式固化下来，以便更长久、持续地教育和影响学生。

（三）跨界馆校合作，推进“红色基因”传播

为了进一步推进“红色基因”的传播，激发学生的爱国主义热情，学校与顾正红纪念馆签署了合作协议，纪念馆以馆内常设展为蓝本，专门制作了题为“中国工人阶级的优秀儿子——顾正红”的特展，送展进校园，让学生对五卅运动这段历史和工人阶级英勇斗争的事迹了解得更加全面深刻（图2）。在触摸和回顾历史的过程中，学生的爱国情感、爱国热情被持续点燃，学生以五卅运动的历史和顾正红的事迹为内容，自己组织、自己设计、自己参演了一部舞台剧，以表演艺术的形式重现这段历史，进一步推进“红色基因”的广泛传播，深化广大师生对红色文化的认同，提高学生的思想觉悟，厚植爱国爱党的情怀。

图2　推进“红色基因”传播

（四）丰富活动内容，强化爱国情怀

为了进一步丰富传承“红色基因”的活动，强化学生的爱国情怀，学校以“寻访红色足迹，放飞青春梦想”为主题，组织学生开展“寻访红色经典参观方案”展示活动（图3）。组织学生通过调研寻访上海市丰富的红色资源，结合社会主义核心价值观和红色文化的精神内涵，设计出各自的寻访红色经典参观方案，并向学校汇报演讲方案设计的思想：第一小组的代表从弘扬工匠精神的角度讲解上海博物馆参观方案；第二小组的代表讲解了老闸捕房旧址和一大会址参观方案；第三小组的代表从语文课中对鲁迅的描述，开启了对鲁迅纪念馆的探索并讲解了参观方案；第四小组的代表结合专业本身与社团活动的双重视角对顾正红纪念馆参观方案进行了讲解。这一活动不仅丰富拓展了传承“红色基因”项目的内容，更重要的是在活动的过程中强化了学生的爱国情怀。

图3　寻访红色经典

（五）进教材、进课堂，“红色基因”入耳、入脑、入心

德育课是对学生进行思想道德教育的主渠道，德育课教学要紧密联系社会实际和学生生活实际，突出育人特色。因而在开展传承“红色基因”的活动中，我校德育课教师充分利用学校独具的红色教育资源，设计红色基因综合实践课程，从学生主体出发，以丰富的内容、多样的形式，传承红色基因、红色文化，包括课程背景、学习目标、实施与要求、考核与评价及实践活动。学校要求在德育课的教学过程中，结合课程内容始终贯穿“红色基因”的传播，弘扬红色文化的正能量，并且以“红色基因”为主导开展实践活动，发挥德育课思想教育的主导作用。通过进教材、进课堂、进活动，使“红色基因”入耳、入脑、入心，帮助学生树立正确的世界观、人生观、价值观。

四、项目实施的成效

（一）从历史到现实，跨越时空，厚植了学生的爱国主义情感

在寻找老闸捕房资料的过程中，参与的社团学生沿着百年校舍走过的足迹，放眼当下国家取得的辉煌成就，跨越时空，从历史到现实的对比，激发了他们爱党爱国的情感。同时，通过讲解和活动的开展，把这份情感传递给每一个学生，融入他们的心灵，丰富了每一个学生的爱国主义情感，厚植了爱国主义的根基，使德育教育取得了润物细无声的成效。

（二）从学校到场馆，跨越地域，提升了学生的使命感和责任感

学校以“老闸捕房”红色教育资源为原点，手牵“红色基因”主线，先后与顾正红纪念馆、中共“一大”会址等爱国主义场馆进行合作，共同弘扬和传播红色文化。学校以专业部为单位，以丰富多彩的形式，组织学生参与其中。例如，旅游专业组设计组织的红色旅游线路微旅行，文物和美术专业组寻找、设计、绘画革命文物等，拓宽了“红色基因”的育人领域，丰富了“红色基因”活动的内容，组织和引导更多的学生参与红色活动，在活动中敬仰先烈，牢记历史，展望未来，提升了他们的历史使命感和责任感。

（三）从活动到课程，全方位、多形式地培养了学生正确的世界观、人生观和价值观

学校秉承“红色基因”课程多样化、生动化的设计理念，在课堂教学中通过讲授传播红色文化，注重以丰富多彩、生动活泼的活动形式吸引学生，在潜移默化中浸润心灵。比如，为了让学生更加真实地感受当年的历史，在活动中通过角色扮演，结合服装、道具、场景、音乐等多媒体的舞台设计，让学生在艺术的熏陶中、在美的感染力中了解革命历史，崇敬先烈的精神和情操，培植爱国情怀，红色文化全方位、多形式渗透于教育过程，帮助学生树立正确的世界观、人生观、价值观。

五、项目实施后的展望

红色文化是中国特色社会主义文化的重要组成部分，既传承了中华优秀传统文化，又引领和发展了社会主义先进文化，诠释了社会主义核心价值观的精神内涵。“红色基因”深植于中国共产党人的精神世界，烙印在中华民族的精神图谱中。习近平总书记说，“红色基因”要“不断结合新的时代条件发扬光大”。

我校在传承“红色基因”文化品牌的培育中取得了初步的成效，今后将遵循习近平总书记和党中央的指示精神，通过“走出去”的战略，进一步推进和深化这一文化品牌的建设，一方面走出校门，走向社会，挖掘更多的红色资源，丰富红色文化的内涵，让“红色基因”品牌获得更好的滋养和成长，获得持久的发展力；另一方面走出校园，走进社区，走入社会，让红色文化在更大的范围里得以传播，让“红色基因”在更广泛的人群中得以弘扬，惠及更多的青年学生，使他们从小就烙上红色的印记，伴随着红色基因茁壮成长，成为坚定的听党话、跟党走的革命接班人。

敬廉崇洁进校园　诚实守信立根基*

上海商业会计学校　周　寅

引言　上海商业会计学校（以下简称“商会校”）以荷花作为学校文化的象征，从古人赋予荷花的“出淤泥而不染”的君子形象，引申到财经商贸类学校培养学生清廉（莲）自律、诚实守信的职业规范，逐渐形成了清荷廉洁文化。学校通过从思想引领、内涵建设、环境营造，到系列主题活动，使学生对廉洁文化初步形成认同和共识，伴随着他们茁壮成长。

一、项目实施的背景

“爱国，敬业，诚信，友善”是社会主义核心价值观中对公民基本道德规范的要求，其中“诚信”对于商贸类人才而言更是尤为重要，因为诚信是商贸行业工作的灵魂，是商贸人员必须遵守的职业道德。近年来，学校坚持文化育人、文化建班、文化强校的办学理念，创新多样化载体，大力推进校园“清荷文化”建设。“清荷文化”对学生的思想引导、价值观塑造、文化渗透方面发挥了积极作用。学校“十三五”规划又将廉洁教育与清荷文化相结合，开展多种形式的廉洁文化创建活动，努力形成廉洁修身的校园诚廉氛围，探索创新集文化素养、职业道德、职业技能于一体的心智体能素养培养模式，努力培育及打造具备“清荷”特质、拥有正直人格、廉洁诚信的商贸类人才。

* 上海商业会计学校“廉洁文化进校园”文化品牌培育项目。

二、项目实施的目标和整体思路

学校以清荷文化引领学生廉洁教育工作，以主课堂为基本切入点进行廉洁教育，以打造诚信向上、廉洁自律的廉洁教育体系为重点，以丰富多样的廉洁文化教育活动为载体，形成以“诚、廉”为荣的潜移默化、春风化雨般的良好廉洁文化氛围，从而促进学生形成“敬廉崇洁”的思想道德品质，做一个诚实守信的人。

学校通过“文化育廉，思想引领”“教育倡廉，内化于心”“活动践廉，外化于行”“制度保廉，固化于制”等四个相互联系的环节，开展和推进“廉洁文化进校园”文化品牌培育项目，使社会主义核心价值观和中华优秀传统文化教育落细、落小、落实。

三、项目实施的过程

（一）文化育廉，思想引领

一是实行每日经典诵读，推崇廉洁思想。俗话说：“一年之计在于春，一日之计在于晨”，早自习是学生自己学习、自己研究、自我提高的黄金时段。通过每日晨会诵读廉洁小故事、廉洁格言等内容，积极引领学生学习中国古代圣贤明君、贤臣名士的廉洁修身思想和行为，使学生逐渐将廉洁自律作为自身砥砺品行的重要目标，把廉洁作为人生的高尚道德去追求。

二是构建宣传长廊，营造文化氛围。学校通过推崇“让诚信成为一种风尚”，紧密结合“诚信”的核心价值观，打造清荷廉洁文化墙，将廉洁思想、传统美德、学子规范等内容以报告、绘画、书法、格言、典故、校园动态信息等师生喜闻乐见的形式进行展示传播，让整个校园都洋溢着浓郁的清荷廉洁文化的气息，让学生在潜移默化中受到教育（图 1）。

三是借助新媒体新技术，教育引入日常。聚焦当下学生特点，学校通过开设微信公众号“荷你有约”栏目，以语音分享古今诗人咏荷诗句为主要形式，推崇清白、清正、高尚而谦虚的品质。除发布前的最终审核，每期文稿内容、录制学生人选都由学生会负责安排，做到每期都有新内容、每期都有新声音、每期都有新人订阅公众号。这种以学生吸引学生的方式，有效延伸了学生课外对廉洁文化的不断关注，进一步将文化传播融入日常的学习和生活中。

图 1　文化墙

（二）教育倡廉，内化于心

一是深入德育课堂，打造精品课程。通过将廉洁教育穿插于德育课教学过程，从传统道德、法制纪律等方面入手，把廉洁教育与德育课的知识点相互融合、互相补充，进课堂、进教材。同时，开设“清荷大讲堂”，邀请劳模、关工委老同志以自身成长的经历对学生进行廉洁自律的教育，树榜样，立标杆，培养他们的为公意识、诚信意识，克服私心杂念。

二是挖掘课程资源，渗透专业教学。通过深入挖掘学科内容中的廉洁教育资源，针对其专业的职业前景，与学生探讨在今后的工作过程中如何做到廉洁自律。例如，针对会计专业学生，学校以课堂教学、日常教学、“清荷演说家”演讲比赛等多种形式，结合廉洁文化开展财经法规教育，帮助学生树立正确的职业操守，提高组织纪律和诚信观念，从根本上夯实了会计从业人员拒腐防变的思想基础。

三是抓住班会课堂，埋下廉洁之种。班会课是班主任深入开展廉洁文化教育最直接、最有效的阵地，结合“一班一文化”建设，通过积极开展以“身边的廉洁心”为主题的班会活动以及团队活动，让学生寻找身边的故事，从周边的人和事中发现总结敬廉崇洁的典型人物和事迹，使学生在学习掌握知识技能的同时，提高明辨是非的能力，为成长为“德技兼修”的现代职业人打下坚实的思想基础。

四是延伸于家教中，家校协同育人。通过开展家长开放日活动，及时将学校开展“清荷廉洁文化”教育活动情况与家长沟通，提示父母在廉洁方面做出表率的重要性。同时，要求家长协助学校注重培养孩子“诚信做人，勤俭做事”的习惯，以期达到“教育一个孩子，带动一个家庭，影响整个社会”的效果。

（三）活动践廉，外化于行

为进一步推进廉洁文化进校园项目，2018 年 4 月 17 日，学校启动首届“清荷廉洁文化主题教育月”活动，提出“自觉、勤奋、诚信”学习的倡议，并从学生层面、专业层面等纬度开展一系列主题活动，让清廉之风吹遍校园每一处，以“出淤泥而不染”的高尚品格熏陶每一个清荷学子。其中，“走进法院”活动（图 2）通过带领会计专业学生旁听一场财务造假案件庭审，使学生深深地感受到敬廉崇洁、诚实守信是会计人员的立身之本；通过开展廉洁小故事讲演比赛、财经法规知识竞赛、书画作品、工艺品征集评选等各类活动，注重学生对诚实守信的职业道德的养成，从而使廉洁文化教育入脑入心；通过邀请瑞和财务管理公司资深师傅走进课堂，手把手传帮带，坚持职业技能与职业道德的教育相结合，为学生牢固树立正确的职业观和诚实守信的职业道德提供了帮助。通过这些活动，学生未出校门，但敬廉崇洁的思想已植根于心灵中。

图 2 “走进法院”活动

（四）制度保廉，固化于制

学校将清荷廉洁文化建设工作列入年度工作计划，设立“廉洁教育和廉政文化建设工作小组”，整合团委、学生处、德育、宣传等部门，建立健全各项保障机制与考核机制。例如，对在清荷廉洁文化建设过程中表现突出的个人予以物质、精神上的奖励，以相应的规章制度加大对校园廉洁文化建设的人力和财物投入，为校园廉洁文化建设奠定了坚实基础。

四、项目实施的成效

（一）培养廉洁观念，整体提升了学生职业道德素养

随着学校廉洁文化长廊的建立、主题活动的开展，以及廉洁文化进课堂进教材，形成了学校廉洁教育全方位育人的环境，吸引了越来越多的学生主动投入廉洁文化教育的各项活动中来，参与人数多，受教育面广，使廉洁文化在潜移默化中浸润于心灵，从而提升了整体学生的职业道德素养，为他们未来的职业生涯打下了坚实基础。

（二）学生将诚实守信作为自身职业道德的必备素养

在各类廉洁文化活动中，在教师的引领下，学生逐渐搞懂了专业知识与职业道德之间的关系，明白了专业知识决定专业高度、职业道德决定提升专业高度持久性的道理，因而从只重视专业知识学习转变为在努力学习专业知识的同时，注重提升自身的职业道德，将诚实守信作为今后职业生涯发展的必备素质，始终践行诚实守信的原则。

（三）探索了社会主义核心价值观教育的有效途径

学校在开展社会主义核心价值观教育的过程中，与校园清荷文化的建设结合起来，落实到以“诚信”为基础的廉洁文化的项目培育中，将“诚信”作为公民基础道德规范和作为商贸类人才的必备素养的要求上来，通过文化育廉、教育倡廉、活动践廉等各种学生喜闻乐见的形式，使廉洁文化渗透于课堂课程中，融入在校园活动中，浸润于学生心灵，覆盖面广，受益人群多，受到广大师生的欢迎，真正使社会主义核心价值观的教育落细、落小、落实，找到了一条德育教育的有效途径。

五、项目实施后的展望

在开展廉洁文化进校园活动中，虽然廉洁教育的主渠道是学校，但不能忽视家庭和社会阵地的影响。在充分发挥学校教育主阵地作用的同时，我们还要把清荷诚廉文化的教育活动辐射出去，让廉洁教育走出校园，走进家庭，走入社区，主动宣传廉洁知识和诚实守信的道德规范，把廉洁文化活动推进到家庭、社区，使家长、社区互动，进一步扩大廉洁文化的社会效应，将廉洁文化进校园与整个社会的敬廉崇洁活动融于一体，充分发挥其在社会“助廉、促廉、倡廉”系统工程中的积极作用，从而使学校、家庭、社会共同帮助青年学生、青年人树立敬廉崇洁，诚实守信的道德素养。

弘扬军工品质　锻造工匠精神*

江南造船集团职业技术学校　付育琳

引言　江南造船集团职业技术学校以“弘扬军工品质　锻造工匠精神”为主题，开展社会主义核心价值观的教育活动，通过“军工文化进校园”项目的实施，弘扬和传承优秀民族企业传统文化，提高学生的民族精神和职业素养，使社会主义核心价值观教育落到实处，为我校德育教育的开展找到了一条有效途径，取得了良好效果，已成为我校校园文化建设的品牌项目。

一、项目实施背景

江南造船集团职业技术学校创建于1950年，隶属于江南造船（集团）有限责任公司，毗邻江南长兴造船基地，是一所“立足企业，服务三岛，辐射长三角”的国家级重点学校，承担着为江南长兴造船基地培养输送具有现代化造船技能新员工的艰巨任务（图1）。如何把产业后备军培养成既有军工品质，又有工匠精神的江南传人，一直是学校积极探索和实践的目标。近年来，学校始终坚持立德树人的根本目标，以中华民族工业的深厚军工文化和船舶企业文化为丰富的教育资源，开展和推进江南造船“军工文化进校园”活动项目，传承江南造船“爱国奉献、务实创新、自强不息、打造一流”的企业精神，弘扬和传承江南军工独具魅力的组织文化、强大执行力的铁血文化、精益求精追求卓越的工匠文化，全面提升学生的职业素养，培养企业满意的现代员工，从而

* 江南造船集团职业技术学校“军工文化进校园”文化品牌培育项目。

使社会主义核心价值观教育落细、落小、落实。

图 1 校园

二、项目实施目标和思路

通过项目的实施，创建独特的校园文化，传承民族企业深厚的文化内涵，弘扬军工文化品质，锻造工匠精神，全面提升学生的职业素养，激发学生的职业潜能，培养具有高度使命感、责任心、不断进取、能承受江南品牌之重的新一代江南传人。

以“弘扬军工品质　锻造工匠精神”为主题，通过“涵养军工文化——用心呵护趋同感，上好职业生涯规划第一课”“弘扬军工品质——努力培养认同感，促进学生全面发展和健康成长”“锻造工匠精神——精心打造归属感，学校育人目标与企业用人标准相衔接”等相互联系的三项措施，从思想观念上、行为规范中、活动实践里，全面开展和推进“军工文化进校园”项目的落地、落实，取得预期效果。

三、项目实施过程

（一）涵养军工文化——用心呵护趋同感，上好职业生涯规划第一课

1. 入厂教育，明确企业预备制工匠身份

由于“企业办校，校企合一”的特殊性质，新生录取后将对其开展为期 1

周的“入厂教育”，使学生在思想上认识自己是企业的“预备制”工匠；在情感上树立为“江南造船”服务的意识；在技能上达到“江南工匠”高素质的要求，为职业生涯规划做好准备。因此，长期以来学校始终把“入厂教育”作为新生入学后的第一堂德育课。由企业领导、校长、书记、学生科长和企业离退休老同志等亲自授课，内容涵盖“江南造船”厂史、厂情、安全、质量、保密、保卫、工匠精神、企业发展趋势等。通过多年的经验积累和不断对课程进行的优化改进，“入厂教育”成为学校经典德育课程。

2. 参观企业“三馆”，加强企业发展史教育

江南造船集团建有全国爱国主义教育示范基地——江南造船博物馆、全国军工文化教育基地和上海市企业文化建设示范基地——江南造船展示馆，以及2010年上海世博会中国船舶馆三大教育基地。学校每年组织新生参观这三大教育基地，了解中国近代、现代军事造船工业发展史，以及江南人自强不息、积极拼搏，为国家创造无数个“第一”的伟大业绩，树立不忘初心、军工报国的责任感和使命感。

3. 建优秀毕业生展示长廊，引导学生的职业生涯规划

学校建立历届优秀毕业生风采展示长廊，选择从1950年建校至今的优秀毕业生中具有代表性的江南大国工匠、专家，将他们的成长经历、动人事迹、杰出表现、人生格言进行整理、编辑、制作成图文灯箱和视频，陈列在学校楼宇之间廊桥通道的两侧，向在校学生展示这些优秀毕业生在平凡的工作岗位上爱岗敬业、自强不息、勇于创新的先进事迹，为学生树立学习的楷模，引导学生的职业生涯规划，激励他们奋发向上，成为未来的大国工匠。

（二）弘扬军工品质——努力培养认同感，促进学生全面发展和健康成长

1. 开展国防教育，强调组织纪律、强化服从意识

学校开展准军事训练的教育活动，学习人民解放军的优良传统和作风，提高国防意识，强健体魄，磨炼毅力，增强自信（图2）。例如，组织实习学生集合整队步行近2公里进入江南造船集团公司实训基地实习；组织住校学生每天在校园分四个区域晨跑；寝室内务实行准军事化管理，每天有专人进行检查评比打分。又如，长期以来与接舰部队开展“军民共建”携手共育人的活动，组织学生参与接舰部队、长兴岛边防部队纪念“八一”中国人民解放军建军周年庆活动，聘请驻厂军代表进行国防建设、政治素质、保密保卫、质量意识教育讲座等。通过这些形式多样的活动，使学生成为能承载国防建设与发展之重的江南接班人。

图 2 国防教育

2. 开展"三成"教育活动，逐步达成军工育人目标

我校"三成"教育以实践为途径，以参与为过程，以体验为目的，不断提高学生的思想道德，促进学生的全面发展。"一年成型"是指学校要求一年级新生完成入学军训，参加各类兴趣小组和"江南技校我的家"等系列活动，使学生在态度上学会服从，在行为上自觉遵守，养成遵纪守规的好习惯；"二年成人"是指学校通过"大国工匠伴我行"系列活动，对二年级学生进行成人教育，使学生在思想上具有工匠精神，态度上重视专业知识学习和技能实训，为造船强国做贡献；"三年成才"是指在三年级学生中开展"祖国、江南、我"系列活动，把祖国发展、江南需求、我的理想，三者统一结合起来进行思考和探究，使学生在态度上进一步内化工匠精神，在顶岗实习中践行工匠品质，成为一名受企业欢迎的高素质技能人才。通过"三成"教育逐步达成军工育人的目标。

3. 建立企业辅导员制，增强学生对军工品质的认同感

执行力是军工文化的基础，为了培养学生的职业理念，提升执行能力，学校聘请企业各部门领导、技术骨干、优秀毕业生担任各专业和班级的辅导员，参与班级管理，让学生在校期间接触企业的管理制度，感受企业各类优秀工匠的品质，增强学生对军工的认同感和融入感。同时，通过讲座、现场指导等形式，对学生进行军工品质、工匠精神、工艺纪律、质量意识、安全环保、保密保卫等各方面的教育，使学生进一步加深对“江南造船”优秀军工文化执行力的认识。

（三）锻造工匠精神——精心打造归属感，学校育人目标与企业用人标准相衔接

1. 贯彻“6S”管理，感受军工制度文化

在整个教育教学过程中，学校有意识地引入企业的有关规章制度，实行与“江南造船”同步的“6S”（整理、整顿、清洁、清扫、素养、安全）管理。在实训区内布置与企业文化相适应的宣传板报、警示标语等，使学生在潜意识中融入企业文化；通过班前会制度，加强对学生劳动观念、安全意识、生产工艺等方面的教育。军工制度文化确定了校园价值导向，规范了学生行为，传导着激励的关键要素，学生在军工制度文化的熏陶下形成强烈的使命感、责任感和过硬的工作作风。

2. 开展“江南寻宝”活动，传承江南工匠精神

“江南寻宝”是以班级为单位，以学生为主体，每班任意选择江南造船历史过程中的某项创世界、国家“第一”的产品，通过实物寻访、人物专访、档案查阅、资料库查询等渠道，用文字、视频、音像等方式反映该产品所处的时代背景、建设过程、参建人物、技术攻关、对国家的贡献等有关情况，以此形成班级作品。学生通过活动了解江南人排除万难、敢为天下先的职业品德，传承“爱国奉献、务实创新、自强不息、打造一流”的江南工匠精神。

3. 广泛开展志愿者活动，培养江南工匠情怀

学校倡导学生在与企业的合作服务中形成工匠情怀。在学校原有志愿者活动项目的基础上，积极向企业拓展，申请参加各类企业服务活动。例如，江南造船展示馆的讲解员工作；企业的重大庆典、船舶下水、命名交船、技术比武的礼仪接待工作；参加企业组织的各项文体活动和技术比赛。让学生和企业员工一起活动、同场竞技，深入感受自己是“江南造船”的一名工匠，增强作为江南接班人的自豪感和责任感，在接受军工文化的熏陶下逐渐培养江南主人翁意识和大国工匠情怀。

四、项目实施成效

（一）江南军工独具魅力的组织文化培养了学生严格的组织性和纪律性

随着每天清晨 6 点起床军号响起，学生们便投入了紧张的学习生活：6 点

20分集合整队晨跑；6点30分集合整队早餐及寝室内务整理；7点40分实习学生集合整队步行近2公里进入江南集团公司实训基地实习；7点50分在校学生集合整队进操场出操；11点实习学生集合整队午餐；16点实习学生集合整队步行近2公里回校；18点30分住校学生集合整队进教室夜自修；20点30分夜自修结束，盥洗；21点30分熄灯。通过开展“军工文化进校园”系列活动，学校初步呈现准军事化管理格局（图3）。学生精神面貌焕然一新，校园氛围积极向上，江南军工文化培养了学生严格的组织性和纪律性，也使社会主义核心价值观教育真正落细、落小。

（二）江南军工强大执行力的铁血文化铸造了学生坚毅顽强的品质

学生从一开始的不适应，到后来的接受、习惯，再到现在的积极投入，整个过程就是好作风、好习惯养成的德育教育过程，更是江南造船军工文化植入心脑的过程。最为突出的是在项目实施前，实习学生步行2公里去江南集团公司实训基地，因而每天早晨和下午两个时段，校门前非法营运黑车云集，各种三无摊点遍布，学生们在这里吃早、晚饭，校门前如同一个脏、乱、差的市场，长兴岛综治办多次光顾治理都无法解决。项目实施后，学校每天组织实习学生集合整队步行2公里来回于实训基地，并严格执行这一规定，现在校门前的脏、乱、差现象一扫而光。学校始终把执行意识到位、执行能力到位、执行耐力到位的铁血文化的内涵融入学生德育教育中，帮助学生树立不折不扣执行命令的坚毅顽强的品德，使社会主义核心价值观的德育教育在“润物细无声”

图3　学生整队

中落到实处。

（三）江南军工精益求精、追求卓越的文化培育了学生工匠精神

学校涌现出一批批优秀教师和学生，他们在各种大赛中摘金夺银。2018年全国职业院校技能大赛教学能力比赛中，周沪甬团队的船舶焊接课程获一等奖；2018年、2019年上海市信息化大赛中，喻兴文团队的船体识图课程两次获特等奖；2018年嘉克杯国际焊接大赛中，李相荣获一等奖、杨伟成荣获二等奖。近两年我校教师获奖数量达30余项，学生获奖达到上百余项。优秀毕业生也层出不穷，他们中有攀登技术高峰的中船集团技术能手高超（2011届毕业），有上海中职“十佳成长故事”获得者、高级焊工李硕（2011届毕业），有首批亚丁湾护航轮机工程师顾斌彬，等等。江南军工精益求精、追求卓越的文化渗透在学校的育人过程中，感染着每一个学生，培育了他们的工匠精神，为江南造船集团从“造船大国”走向“造船强国”输送源源不断的能工巧匠。

五、项目实施展望

展望未来，高质量发展是江南造船集团实现跨越发展的必然选择，也是新时代赋予江南造船的历史使命。江南人将进一步解放思想，大力弘扬江南精神，践行军工报国的宏伟目标。作为校企合一的江南造船集团职业技术学校，要把“军工文化进校园”活动持之以恒地深入推进，坚持用军人的思想行为来武装学生，用军工文化的模式和手段塑造校园文化，使校园充满凝聚力和战斗力，让社会主义核心价值观教育活动内化于心、外化于行，培养一代代具有高度使命感、责任心、不断进取的能承受江南品牌之重的江南传人，为打造世界一流的造船军企做出职业院校的贡献（图4）。

图4　江南造船集团

传承风筝文化内涵　弘扬中华人文精神*

上海石化工业学校　杜海燕

引言　长期以来，上海石化工业学校积极主动地开展传承中华优秀传统文化的教育活动，以弘扬中华优秀传统文化为目标，以“筝舞追风”学生社团建设为抓手，用风筝文化浸润学生的心灵，丰富校园文化，增强学生的文化自信，使中华优秀传统文化得以发扬光大，取得了良好的效果。随着风筝活动的深入开展，参与活动的学生数量越来越多，风筝文化的影响力越来越大。通过“筝舞追风”文化品牌项目培育，使我校找到了一条把中华优秀传统文化教育融入思想道德教育、文化知识教育、艺术体育教育、社会实践教育的有效途径。

一、项目实施背景

上海石化工业学校一直在积极探索和实践如何开展优秀传统文化的传承与创新教育，用中华优秀传统文化的精髓涵养学生人文精神，且教育内容和形式是青少年喜闻乐见的，符合青年学生认知规律和身心发展的需求。风筝被列入第一批国家级非物质文化遗产名录，我国有着二千多年历史的风筝文化，它是集文化、游艺、竞技、娱乐、民俗为一体，从古至今一直融入中华传统文化之中。风筝文学可以让学生了解古代诗词文化和风俗，风筝制作可以让学生锻炼工匠精神，放风筝比赛可以强健体魄、培养团队意识，是一项能够吸引学生的文化活动。同时，我校毗邻城市沙滩景区，有一望无垠的沙滩，地理优势也为

* 上海石化工业学校“风筝”文化品牌培育项目。

这项活动的开展创造了得天独厚的条件。特别是与我校有着长期合作关系的石化街道的“金山风筝制作技艺”项目，被金山区人民政府列入第五批金山区非物质文化遗产代表性项目名录时，学校主动与石化街道对接，引入风筝项目，建立“筝舞追风”社团，选拔优秀学生开展学习和训练，逐步培育具有金山特色、上海石化工业学校风格的校园文化品牌项目。

二、项目实施目标和思路

（一）项目实施的目标

以风筝活动为载体，使学生在了解风筝文化底蕴、风筝制作、放风技艺的过程中，理解风筝喜庆吉祥的内涵，古代人民对国泰民安、人寿年丰美好生活向往和追求的寓意，感受中华民族悠久的历史和灿烂文化，接受中华优秀传统文化熏陶和感染。将学生培养成为具有较深中华传统文化底蕴、对国家和民族充满热爱、具备强烈的民族自信心、自豪感和使命感的社会主义合格的建设者和接班人。同时，在风筝制作和放飞技艺的学习训练中，培养学生坚持不懈、精益求精的工匠精神和团队协作、自我管理的责任意识。

（二）项目实施的思路

通过“建立社团开展风筝项目活动”“挖掘诠释风筝文化内涵”“风筝活动列为校园文化特色重点发展项目”“积极参与比赛，服务社会文化建设”四种方式，有计划、有步骤地实施和推进“风筝”文化品牌项目的培育。同时，结合课堂教学、课外活动、学校艺术节等各种活动，坚持把传承风筝民族文化与学校的德育工作、学生的养成教育紧密地联系在一起，帮助学生树立国家认同、民族认同、文化认同的价值观，提高学生的综合素质。

三、项目实施过程

（一）以社团为基础开展风筝文化项目活动

2018 年，我校被授予“非物质文化遗产（风筝）传承基地”称号（图 1），与石化街道社区学校签订《石化街道非遗文化（风筝）进校园合作协议》。学校成立“筝舞追风”学生社团，在学生中宣传动员，招募选拔优秀学生成员 28 人。以“筝舞追风”学生社团为核心，有计划、有步骤地开展风筝文化项目活动。组织语文教师编写风筝文化教材进社团课堂。美术教师指导绘制风筝作品，让学生理解掌握风筝的艺术造型美及色彩的特点。由石化街道社区学校选派风筝教练，开设以比赛为主的运动风筝（双线、四线）的放飞训练，每周组织一次。学校给学生配备腰包、墨镜、帽子、小蜜蜂等专业装备，安排车辆接送学生到城市沙滩训练场地。社团通过几个学期的学习和训练，风筝的活动在校园里蓬勃开展。

图 1　学校被授予“非物质文化遗产（风筝）传承基地”

（二）挖掘诠释风筝文化内涵

风筝文化项目的培育，不仅教会学生风筝制作和放飞的技艺，更重要的是让学生了解和感受风筝这项民族传统文化的内涵。因而我校在建立“筝舞追风”社团的同时，组织了语文、美术教师以及金山石化街道的专业人员编写风筝文化教材，充分挖掘和诠释风筝文化的内涵，让学生深入了解我国风筝文化的历史和精神内涵，增进对祖国民族文化的欣赏和热爱，感染学生的心灵，从而提升学生的文化素养。风筝寓意吉祥，在传统的中国风筝中，随处可见风筝寓意吉祥的文化含义，通过借喻、比拟、双关及谐音等表现手法，构成“一句吉语一图案”的美术形式，富有独特的文化格调和浓烈的民族色彩，表现着人们对美好生活的向往和憧憬。风筝充分体现了中国传统文化“天人合一”的思想，在放飞风筝时，大脑高度集中，消除人的内心杂念，放飞者极目蓝天，其心胸会感到开阔，体验到一种精神升华的快感，身体虽然未能腾云驾雾自由翱翔，心理却享受着物我神交的乐趣。

（三）风筝活动成为校园文化的一个亮点

通过几个学期的学习培训，“筝舞追风”社团出现了以老带新的局面，优秀选手越来越多，技术水平越来越高，学生参与兴趣浓厚，活动在学校产生了一定的影响力。学校立即把风筝活动列为校园文化特色重点发展项目，引导更多的学生参与，在更广泛的范围中推进。在学校艺术节系列活动中加入“风筝”宣传，社团成员参与优秀学生巡展。在“艺术欣赏”课程中加入“风筝文化”专题内容，由非遗文化传承基地的专家来校授课。学校还把该项目列入全校学生社会实践计划中，组织学生分年级、分批次到石化街道非遗文化传承基地体验金山龙类风筝制作，参与绘制具有金山农民画特色的风筝，让学生近距离感受风筝文化的魅力。风筝活动成为校园文化建设的一个亮点（图 2）。

图 2　风筝活动

（四）积极参与比赛，服务社会文化建设

学校坚持“引进来、走出去”的战略，将社区优秀风筝教育资源引进学校的同时，积极回馈社区，参与金山区重大体育赛事。2018 年，“金山杯”国际风筝邀请赛暨全国运动风筝锦标赛在金山城市沙滩隆重举行，我校 42 名学生经过严格训练，最终被选拔为比赛引导员（图 3）。我校风筝社团学生成为表演嘉宾，向游客和参赛选手展示风筝放飞技艺，成为金山城市沙滩一抹亮丽的

图 3　“金山杯”国际风筝邀请赛引导员

风景线。四名学生组成的参赛小组在比赛中有不俗表现，吸引了众多的观众（图 4）。我校学生在此次比赛中以良好的精神面貌、优质的服务获得主办单位的好评。学校积极组织学生参加各类比赛，一方面培养了学生敢比敢拼、超越自我、追求卓越的精神，另一方面增强了学生服务社会文化建设的意识。

图 4 “金山杯”国际风筝邀请赛参赛小组

四、项目实施的成效

（一）传承民族文化精华，提升学生文化素养

风筝文化项目的培育和推广，让学生了解了我国风筝文化的历史和精神内涵，感受了中华民族悠久的历史和灿烂文化，接受了中华优秀传统文化的熏陶和感染，增进了对祖国民族文化的欣赏和热爱。学生在活动的参与中净化了心灵，从而使中华优秀传统文化入脑、入心，大大提升了学生的文化修养。随着项目的推进，覆盖面更广，受益人群更多，将会对学生文化素养的整体提高产生很大影响。

（二）风筝制作和放飞技艺培养学生工匠精神

风筝项目体现了独特的育人价值。“世上无难事，只要肯登攀”，这是参与风筝项目学生经常说的一句话。小小的风筝在制作过程中会遇到各种各样的困难。学生在老师和同伴的鼓励下，认真细致、刻苦钻研、持之以恒、精益求精地做好每一件作品。同时，放飞风筝必须在室外训练，海边强烈的阳光照射对学生是一种考验（图 5）。尽管穿戴了防晒用品，学生还是被晒黑，甚至被晒伤。风筝线非常锋利，稍不小心会被线割伤。随着风筝奔跑在沙滩上，鞋子里经常灌进沙子，脚被磨出水泡。选手们不畏惧各种困难和挑战，坚持不懈地进行训练。风筝制作和放飞技艺培养了学生精益求精、追求卓越的工匠精神。

图 5　放飞风筝

（三）提升社团学生自主管理的能力

“筝舞追风”学生社团在发展过程中倡导学生自主参与、自我管理、自主发展的理念，指导教师注重社团内涵建设，重视对社团的正面引导和激励，学习和训练实行团队自主管理的方式。每次活动后小组之间开展总结和评价，包括学生个人、小组、教练、社团负责人等评分权重，学生根据分数进行自我鉴定，明确努力方向。学生在赛场、训练场、平时的学习和生活中表现出严明的组织纪律、互帮互助的团队精神、奋勇向上的拼搏作风和为学校增光添彩的集体荣誉感和高度的责任感。这样的管理方式提升了社团成员自助管理的能力。

五、项目实施的推广和展望

我校经过多年的探索和实践，非物质文化遗产（风筝）传承基地创建工作在不断的完善中，今后将进一步以风筝文化为抓手，自觉担当起传播中华优秀传统文化的责任。学校将制订具有可操作性的教育计划，引领“筝舞追风”学生社团向高水平发展，在全校深入推进以风筝文化为主题系列活动，建设风筝文化的校本课程，以课堂教学、讲座、参观风筝工作室、观摩比赛等内容，形成系统的风筝文化课程和活动体系。同时，在持续开展的社团活动中，及时总结经验，寻找短板，创新学习和训练的新方法，编写大纲，出版教材，开展科研，把更加丰富的文化内涵和德育教育思想落实到风筝项目的培育中。

学校将以目前风筝传承基地创建工作的成果为基础，与金山区和上海市等兄弟学校，与上级部门进行沟通，进一步研究在中职学校中开展风筝项目活动的可行性，带动兄弟学校共同发展风筝项目活动，传播风筝文化，为中华优秀传统文化的弘扬和传承发挥出积极的作用。

提升服务社会能力　增强社会责任意识*

上海市公用事业学校　魏延秋

引言　上海市公用事业学校在原有公益类志愿服务项目的基础上，理顺工作思路，健全工作机制，重点放在提升志愿服务专业性建设上下功夫。通过与相关基地、专业系部等多方联动，开拓专业类志愿服务项目内涵，打造学校三大专业系部志愿服务品牌项目，力求“一部一特色”，让学生在志愿服务中做到学有所用，提升服务社会能力，增强社会责任意识，自觉遵守和践行社会主义核心价值观。

一、项目实施的背景

如何使社会主义核心价值观的教育与校园文化建设相结合，突出职业院校的特色，从而使社会主义核心价值观的教育落细、落小、落实，一直是我们在探索和实践的问题。2015 年《教育部关于印发〈学生志愿服务管理暂行办法〉的通知》，2016 年《团中央、教育部关于印发〈关于加强中学生志愿服务工作的实施意见〉的通知》，2017 年中华人民共和国国务院令第 685 号《志愿服务条例》等文件指出，志愿服务是培养学生社会责任感、创新精神和实践能力的重要途径，是培育和践行社会主义核心价值观、进一步改进和完善学生综合素质评价方式的重要举措。我校的志愿者服务有着良好的基础，覆盖面广，参与人数多，社会影响大，但是大多数志愿服务以公益类项目为主，也有存在某些学生为积攒服务学时而服务的情况。如何提升志愿服务吸引力和学生获得感，

* 上海市公用事业学校学生“专业类志愿服务”文化品牌培育项目。

如何让中职学生志愿服务和专业学习相结合，突出职业教育的特色，让学生在奉献爱心的过程中感悟职业精神，培育和提升职业素养，是学校重点关注的课题。近年来，学校在原有的公益类志愿服务的基础上，实施了学生专业类志愿服务品牌项目的培育活动，让志愿服务与学生的专业结合起来，利用专业技能开展志愿服务，提升服务社会能力，增强社会责任意识，从而使社会主义核心价值观教育落到实处，取得了良好的成效。

二、 项目实施的目标和总体思路

通过专业类志愿服务项目的实施，让学生利用专业特长开展志愿者服务，体验职业精神，培育职业素养，提升服务社会能力，增强社会责任意识，弘扬“奉献、友爱、互助、进步”的志愿精神，使社会主义核心价值观内化于心，外化于行，促进学生健康成长，提高学生的综合素养。

通过“组织领导，顶层设计”“利用资源，建设基地”“专家指导，强化培训”“立足专业，特色服务”“考核评价，表彰激励”五个环节的实施，使专业类志愿服务项目落地、落实，并在不断的实践过程中予以完善，使专业类志愿服务成为校园文化建设的一个亮丽品牌。

三、 项目实施的过程

（一）组织领导，顶层设计

学生专业类志愿服务项目由学校组织和领导，领导班子明确规定学校是学生志愿服务工作的责任主体，校长是第一责任人。学校制定了学生志愿服务工作管理办法，将志愿服务列入学校的年度工作计划，并发文明确学校各部门在志愿服务项目中的工作职责，由校团委牵头，与各专业系部、学生工作部、基础教学部、教学运行部等相关部门形成合力，全面推进学生志愿服务工作。

（二）利用资源，建设基地

学校发挥行业优势，紧贴城市轨道交通、现代交通营运和管理、资源与环境三大专业群，通过与行业、街道、团委等部门共建，开拓了三大专业类志愿服务基地，分别为上海轨道交通客流引导志愿服务（3、4、9号线），铁路上海南站春运志愿服务，公交客流量与服务调查志愿服务，居民燃气安全知识宣讲志愿服务等。学校还通过每学期一次的志愿服务研讨会，邀请基地相关负责人、学校教师、学生一起就志愿服务方式、服务内容等进行研讨交流，使学校三大专业类志愿服务基地和项目日臻完善。

（三）专家指导，强化培训

专业类志愿服务培训采取事前培训和现场指导相结合的方式进行。每半年一次，学校邀请各志愿服务项目的行业专家或工作人员来学校进行志愿服务专业化培训（图1）。同时，依托各系部的力量，将志愿服务内容渗透到专业教学中，让学生在专业学习中掌握志愿服务的技能和职业精神。在志愿服务现场，每个服务基地都配备校内和校外两名指导教师，校内导师由班主任或专业教师担任，校外导师由服务基地的一线工作人员担任，对学生志愿服务工作进行现场指导和答疑解惑。通过专家指导，强化培训，提升志愿者服务社会的专业化水平。

图1　地铁志愿服务培训进校园

（四）立足专业，特色服务

专业类志愿服务项目更加注重学生把所学的专业知识应用于志愿者活动中，充分利用专业优势奉献社会，服务社会，彰显中职学生立足专业，向社会提供专业服务的特征。学校以三大专业群为依托，构建了具有专业特色的志愿服务项目。

1. 轨道交通专业群

学校联系上海轨道交通公司及上海火车站为学生提供志愿服务岗位，学生不仅在高峰时段进行客流疏导，还结合专业所学，制作了出行安全小册子及导引图，给轨交公司及火车站工作人员的工作提供了便利。同时，利用手机APP充当地铁公司的啄木鸟，及时发现地铁运行与管理中的问题，并结合专业所学为轨道交通发展提建议，充分体验将来作为一个“地铁人”要承担的社会责任。

2. 现代交通营运和管理专业群

由校内指导教师和校外企业专业技术人员共同指导学生志愿工作。例如，公交客流量调查志愿服务项目，通过统计每一个公交站点上下客的人数，为公交公司提供更准确的数据，以便更好、更有效地规划交通线路，方便市民出行（图 4）。

3. 资源和环境专业群

与专业系部联动，通过培训让学生掌握宣讲知识要点，制作《居民燃气安全知识宣传手册》，拍摄《一束阳光》燃气安全宣传微电影，学生利用专业所学为社区居民提供燃气监测等服务，深化学校与街道共建，走进社区为居民服务（图 2）。

图 2　资源系居民燃气安全知识宣传志愿服务

（五）考核评价，表彰激励

学生专业类志愿服务考核评价工作由校团委、各专业系部、服务基地和校内外指导教师共同评价实施。每次志愿服务工作，相关基地都会填写考核评价单，针对评价单各指导教师对本班级志愿服务工作进行实时总结，保证学生志愿服务的质量。同时，校团委每学期组织一次志愿服务工作研讨会，每学年评选一次优秀学生志愿者并予以表彰奖励，激励志愿者以更好的专业技能回报社会，保证志愿服务工作向专业化方向深入发展。

四、项目实施的成效

专业类的志愿服务项目让学生的专业知识学有所用，奉献和服务社会，让每一个学生深刻地认识到奉献社会、服务社会的志愿者精神就是未来的职场所必须具备的职业精神，为未来的职业生涯打下坚实的基础，提高自身的综合素养。

（一）学以致用，提升了服务社会的专业能力

由于专业类志愿服务活动与学生所学专业密切相关，因此，实现了专业知识与实践应用的有效结合，提升了专业技能的水平。在志愿服务的工作过程中，促进了学生对课堂知识的消化和吸收，并且检验了自己掌握知识的程度和能力，激发了学生进一步学习研究专业知识的动力，实现了理论知识服务于实践的最终目标，提升了服务社会的能力。例如，轨道交通专业的学生制作了轨交安全出行小册子及火车站客流导引图等；现代营运与管理系张诚聪等学生利用暑假积极参加公交客流量和服务情况调研，撰写了调研报告《以服务为核心——公交 49 路优质服务品牌创建的现状调查及推广策略研究》，并把报告中的服务理念在公交行业推广，发挥优秀服务品牌的示范作用；窦禹成等同学撰写的《中职生志愿服务在职业素养提升中的作用研究》，对学校志愿服务工作提供了可借鉴性意见。在团市委组织的“未来杯”上海市高中阶段学生课外活动竞赛社会实践类项目中，以上研究成果都荣获了不同等级的奖项。

（二）友爱互助，增强了奉献社会的责任意识

在参与志愿服务的活动中，出现了许多友爱互助、奉献社会的感人事迹，得到了社会广泛的赞誉。学生在助人为乐、服务社会的过程中体会到了自身价值，找到了青年一代应有的担当，增强了社会责任感。学校每年评选优秀志愿者，并通过展板、校园公众号、电子显示屏等途径，广泛宣传志愿服务中的感人故事，弘扬“奉献、友爱、互助、进步”的志愿精神，激励更多的学生投入志愿服务工作中，增强每一个学生奉献社会的责任意识。现在，每年学校开展的爱心暑托班、春运志愿服务活动报名都十分火爆，植物园客流引导，敬老院里送温暖，自闭症儿童与我同行，扫码进站客流引导等志愿服务项目已形成长效机制。学校学生志愿者有一个共同的名字“爱星团”，每一个学生都是“爱星团”里的一颗颗“小星星”，他们正在用自己的爱心，在不同的服务岗位上散发着光和热，诠释着中职学生友爱互助的精神和强烈的社会责任感。

五、项目实施后的展望

“专业类志愿服务”文化品牌项目的实施，得到了行业企业、街道、社会的肯定和赞扬，取得了很好的成效。我校将长期持续和推进这一项目，把它建设成为中职系统校园文化的特色品牌。今后，学校将结合学生志愿服务开展的实际情况，进一步完善志愿服务机制、拓宽专业类志愿服务范围，在重点提升中职学生专业志愿服务实效上下功夫，让更多的学校和学生加入“爱星团”，提升整体学生服务社会的能力，增强奉献社会的责任感。同时，把学校培育项目的经验推广到其他中职校，起到示范和引领作用，让专业类志愿服务的精神在中职校园文化建设中开花结果。

以心促德和雅商校*

上海市商业学校　俞　炯　姚燕婕

引言　上海市商业学校根据多年心理健康教育工作的经验，以“和雅”校园文化建设为基础，积极培育“心理之友朋辈互助育和雅商校人”项目的实施，结合中职生的心理发展特征，在专业教师的指导下，通过朋辈互助团体开展系列活动，促使年龄相当、需求相近、困惑相似的中职生之间，相互给予心理开导、安慰与支持，帮助中职生树立自信，学会沟通，健全人格，最终培育出“悦纳自我、团结合作、人格健全”的和雅商校人。项目的实施贴近学生，深受学生欢迎，取得了良好效果，使社会主义核心价值观和中华优秀传统文化教育落细、落小、落实。

一、项目实施背景

青春期的中职生正处于“自我探索”的关键时期，管理情绪与沟通表达能力尚不足，在碰到生活挫折与困难时，往往情绪波动大，无法很好解决，部分学生出现焦虑、抑郁等心理问题，严重的还会影响正常的学习与生活。上海市商业学校（以下简称“商校”）在人才培养的过程中，始终坚持既注重学生专业知识与技能的掌握与提升，又特别注重学生的心理健康养成，使他们成为有高超的技能，又有良好心理素质的劳动者。上海市商业学校心理健康教育工作已有多年积累与沉淀，具有一支专业化的师资队伍，他们和班主任一起，根据

* 上海市商业学校“心理之友朋辈互助育和雅商校人”文化品牌培育项目。

中职生“追求独立自主、遇事更愿意采纳同伴意见”的年龄和心理特点，组建了以专业教师为指导、学生为参与主体的“心理之友协会”朋辈互助团队。通过朋辈互助团体开展系列活动，促使年龄相当、需求相近、困惑相似的中职生之间，相互给予心理开导、安慰与支持，帮助中职生树立自信，学会沟通，健全人格。多年来，朋辈互助团队开展的活动形式贴近学生兴趣，有效吸引了众多学生的关注和参与，学生在丰富多样的活动体验中，学习如何做一名心理健康的中职生，最终成为“悦纳自我、团结合作、人格健全”的和雅商校人。

二、 项目实施目标与整体思路

通过项目的开展和实施，最终将学生培育成为“悦纳自我、团结合作、人格健全”的和雅商校人，使德育教育内化于心、外化于行，成为德智体美劳全面发展的社会主义建设者和接班人。

在项目的实施过程中，学校遵循中职生心理发展规律，根据“同辈之间容易沟通，具有可接受性和文化适宜性”这一特点，组建以学生为主体的朋辈互助团队，并在心理教师的指导下，形成一个积极向上具有正能量的良性支持团队。通过有组织、有计划地开展形式多样的活动，创建轻松活泼的环境与氛围，使学生在活动中更真实地表达自己内心想法，得到同龄人的支持、理解与帮助，接受同龄人积极正面的影响，解决自己的心理困惑。

三、 项目实施的过程

（一）组建以学生为主体、教师为指导的校园心理辅导团队

朋辈互助是指借助专业心理人员的专业引导，促进年龄相当、需求相近、困惑相似、需要心理帮助的同学或朋友给予心理开导、安慰与支持，给予安全接纳的群体人际环境。朋辈互助曾在中学生和大学生群体的实践中发挥过积极作用。商校充分利用专业心理师资的力量，组建了“心理之友协会”这支以学生为主体的朋辈互助团队，参与学生包括各班心理委员、热心于朋辈互助的学生，覆盖全校三个年级共百余人之多。

朋辈互助是一项准专业化的工作，学生光有一腔热情是远远不够的，还需要专业教师的指导。学校采用理论加实践的模式，由校心理教师负责定期对“心理之友协会”成员进行专业培训，如“识别情绪”“认识抑郁”“宣泄愤怒”

图 1　心理之友协会

等，使他们具备一定的朋辈心理互助能力。同时，通过心理沙龙、模拟情景等方式进行实操练习，提升其专业素养。心理之友朋辈互助团队的成员们首先将所学到的知识用于自己的生活和学习中。同时，他们也活跃在各自的班级中，借助各种活动，传播健康的心理观念，影响和帮助周边有心理困扰的同学，相互辅助，相互促进，形成朋辈互助的和谐氛围（图 1）。

（二）以丰富的活动为抓手，促进和提升整体学生的心理素养

“心理之友朋辈互助育和雅商校人”项目的顺利实施和持续推进离不开制度的保障。朋辈互助团队每学期制订活动计划，有组织、有系统、创造性地开展学校心理健康宣传与朋辈互助活动（表 1），以形式多样、内容丰富的活动为抓手，以传播和宣传健康的心理知识为内容，以内化于心、外化于行的活动体验为形式，以培育“悦纳自我、团结合作、人格健全”的和雅商校人为目标，以始终贯穿社会主义核心价值观和中华优秀传统文化的德育要素为根本，活跃在校园文化的建设中，参加人数多，覆盖面广，促进和提升了整体学生的心理素养。

表 1 心理之友朋辈互助活动一览表

类别	内容	开展周期	负责人
宣传活动	设计班级心理角	每学期三次	各班心理委员
	设计橱窗心理区	每学期两次	两个班心理委员轮流负责
	编辑校网心理栏及电子心理刊	每月更新	编辑部成员
主题活动	主题班会	每学期两次	各班心理委员
	心理健康活动月	每年 5 月	全体成员
	校园心理剧	每年 12 月	全体成员
	志愿者活动	每学期三次	组织部成员、礼仪部成员
	主题比赛（竞赛）	不定期	组织部成员、各班心理委员
辅导活动	个体辅导	随时进行	各班心理委员
	团体辅导	不定期举行	各班心理委员

2018 年，由心理之友朋辈互助团队参与拍摄了一部以“亲子沟通”为主题的微视频（图 2）。从剧本编撰、角色选择到拍摄互动，在心理教师与专

图 2 微视频

业人员的指导下，学生们通过头脑风暴为剧情发展献言献策，呈现出“00后”中职生在成长中的一些困扰，如何通过朋辈互助团队的相互尊重与包容，在平等的沟通交流中达成共识，传播了正能量，解开了心中的疑团，使心灵得到了安慰。参与的学生在亲身体验中，接受了一次心理健康的教育和洗礼。由于微视频的内容来源于校园生活，反映了学生的真实思想，播出后得到了热烈反响，产生了情感上的共鸣，学生仿佛看见了自己的身影，受到了思想上震撼，提升了自身的心理素养。

2019年5月举办的上海市商业学校第19届心理健康教育活动月，围绕“青春期抗逆成长向阳而生”的主题，学生进行了征文演讲、四格漫画创作等活动，其中优秀作品在校园进行现场展示，并通过学校微信公众号进行宣传，扩大了朋辈间的正面影响。“自我认知的迷茫”“异性交往的懵懂”“情绪问题的困扰”等是处于青春期学生的共性问题，通过参与活动、分享成果，让商校的每个学子直面自己的现状，正确评价自我，树立自信，形成健康的心理。

朋辈互助团队丰富多彩的校园活动影响着每一个人，一些有心理问题的学生被邀请加入团队，他们在活动中不仅接受了同辈的帮助，纠正了偏差，健康地成长，而且还会用自身的经历和成果去帮助周边的同学，从“被帮助者”渐渐转变为“助人者”，从而去影响、帮助商校的每一个同学。

（三）以老带新，薪火相传，使每一个学生成为心理健全的商校人

“心理之友朋辈互助育和雅商校人”项目在商校实施已有多年，成员间不断地进行着新老交替，每学期团队都有“新鲜血液”注入（图3）。学校非常注重“以老带新”，在活动设计与规划中，都会安排二、三年级老成员带教一年级新成员，播下良种，生根发芽，薪火相传。同时，开展“学姐学长故事”系列活动，邀请已经毕业的商校学生参与座谈会、报告演讲等活动。学姐学长们是一个个鲜活生动的例子，让学生看到中职生悦纳自我、热爱生活、努力奋斗的阳光形象，以“同伴榜样作用”带动学生积极前行。正是“心理之友朋辈互助育和雅商校人”项目的持续推进，循环相传，培育了一届又一届充满自信、阳光蓬勃、心智健全的商校人。

图 3　以老带新，薪火相传

四、项目实施的成效

（一）“心理之友朋辈互助育和雅商校人”项目已成为培养学生健康心理的助推器

心理之友朋辈互助团队积极发挥学生自身的能量，注重学生朋辈互助的能力与影响力。通过朋辈互助各种活动的开展，学生从多方位、多角度对自我进行认知。当遇到困难与挫折时，多数学生都愿意主动寻求同学与老师的帮助，直面青春困惑，识别并管理自己的情绪，学会自我表达，提升沟通能力，相互影响，相互辅助，找到解决问题的途径和方法。团队的成员逐渐形成了积极向上、阳光自信的心态，更重要的是，他们的行为和心态影响着周围更多的同学共同成长，助推了学生整体心理素养的提高。

（二）“心理之友朋辈互助育和雅商校人”项目已成为中职校校园文化建设的品牌

经过多年的辛勤耕耘，朋辈互助团队在参加各类大赛中取得了优异成绩，誉满中职校，成为校园文化建设的靓丽品牌。2016 年，“心理之友协会”成员刘诗怡参加中等职业学校第三届“青春期成长与责任”主题演讲比赛荣获一等奖。2017 年，“心理之友协会”成员沈赟的故事《青春莫让爱迷茫》参与 35

所中职校青春期演讲汇演。2018 年，“心理之友协会”成员周经纬和左乔参与上海市 16 所中职校青春期联合演讲汇演（图 4）。2019 年，“心理之友协会”成员马玉良的《青春夜空中的“星”》与郭思怡的《追求我的出彩人生》参与上海市 16 所学校青春期联合演讲汇演。2015 年，上海市商业学校组织的“青春期健康与成长”活动，荣获 2015 年度上海市心理健康教育活动月优秀组织奖。2016 年，“心理之友协会”荣获 2016 年度上海中职校优秀心理社团一等奖。2019 年，上海市商业学校组织的“青春期抗逆成长向阳而生”活动，荣获 2019 年度上海市心理健康教育活动月优秀组织奖。

图 4　上海市 16 所中职校联合汇演

（三）“心理之友朋辈互助育和雅商校人”项目成为推进学校德育工作的一条有效的途径

心理之友朋辈互助团队是学校心理健康教育工作的重要组成部分，也是开展学校德育工作的助推器。朋辈互助团队开展的各种活动不仅融入了德育元素，使社会主义核心价值观和中华优秀传统文化的教育落细落实，而且不少德育项目依托朋辈互助团队编排的校园心理剧得到广泛的传播和宣传，使心育和德育完美融合，产生了巨大的影响。例如，2017 年在教师的指导下，由“心理之友协会”全体成员联合编排的心理剧《我是未来的工匠》，向全校师生呈现了一名普通中职生对自己专业从迷茫到认同再到热爱的成长历程，让人深刻体会到“工匠敬业爱国”的精神对中职生的积极影响。又如，2018 年联合编排的心理剧《爱在心里》，讲述了一名插班生融入班集体的故事，故事虽平凡却十分贴近中职生的生活，引起大家的共鸣。尤其是最后一句感人催泪的台词“爱在商校，爱在心里”，让人深刻感受到商校校园中洋溢着的“尊重、理解、友爱与互助”的良好氛围。广大学生在喜爱的活动中潜移默化地接受了思想教育，项目的实施为学校有效开展德育教育找到了一条途径。

（四）“心理之友朋辈互助育和雅商校人”项目辐射校外，服务社会，起着示范引领作用

“心理之友朋辈互助育和雅商校人”项目的实施，使一批一批“心理之友协会”成员得到成长，项目的影响力几乎涉及全校学生。与此同时，心理之友朋辈互助团队成员积极参与市级会务接待工作、校外志愿者等活动，服务社会，进一步扩大了项目的影响力与辐射面，商校学子的精神风貌被更多的老师、家长与社会人士所称赞，项目的成功开展得到了社会广泛的认可。

2016—2017 学年度，心理之友朋辈互助团队成员先后到静安区的彭浦、大宁、芷江西路等九个街道的阳光之家，参与“花儿朵朵开”志愿者服务活动，参与学生累计 135 人，服务人数达到近 200 人。2019 年 3 月，心理之友朋辈互助团队与上海“互助公益”志愿者组织合作，30 余名学生来到商场爱心小屋，协助“星星的孩子”进行爱心义卖。这些志愿者活动，充分体现了“德育在行动”，商校学子也以自己的实际行动诠释了“奉献、友爱、互助、进步”的精神，让社会看到了自信阳光、朝气蓬勃、积极向上、心理健康的商校人。

五、项目的推广与展望

社会主义核心价值观和中华优秀传统文化的精神内涵如何在学校德育教育中做到“内化于心，外化于行”，商校的“心理之友朋辈互助育和雅商校人”文化品牌培育项目做了很好的探索与实践。项目的实施，是结合中职生的心理发展特征，以心理健康教育活动为载体，充分发挥朋辈间互助的作用，创设环境与氛围，促使学生在朋辈互助的团体中自我体验、自我认识、自我教育，掌握调节情绪的方法，习得良好的行为习惯，形成积极的心理品质，最终培育出

“悦纳自我、团结合作、人格健全”的和雅商校人。这些成功的经验可以在其他中职校加以推广和示范，以各校独特的校园文化或特殊工作为切入点，积极创建正面良性的团队群体，充分调动学生自身力量，使校园文化建设和德育工作更接地气，更贴近学生的需求，一定能够取得良好的效果。今后我们将搭建更多校内校外平台，探索更多有利于中职生朋辈互助的活动形式，将此项目做深做细，取得更大的成绩。

社团展风采　德育谱新篇*

上海市第二轻工业学校　严　菲

引言　上海市第二轻工业学校在开展学生社团建设中，探索了将社团活动与专业技能学习、志愿者服务、学生综合职业素质培养三个方面相结合的德育途径，学生通过社团活动不仅获得了知识和技能的提高，更重要的是促进了职业素质的全面提升。社团活动作为课堂教学的延伸，受到了学生的欢迎与喜爱，成为学生参与社会实践、学会感恩社会、习得优秀传统文化、践行社会主义核心价值观的重要载体。同时，通过深入挖掘教育教学资源，创建“美丽职业人”实践平台与评价体系等举措，培养学生在提高综合职业素养的同时，塑造美丽心灵，达到培养“美丽职业人”的目标。

一、项目实施背景

上海市第二轻工业学校长期以来坚持探索将社会主义核心价值观教育融入教育日常中，寻求高效有序的德育途径和学生喜闻乐见的德育载体，以更好地促进学生全面发展与职业成长。学校经过多年的调研、商讨和改革，并经过一系列教育实践，形成了通过学生社团活动，培养学生学习兴趣，激发潜能，鼓励学生将专业知识与技能融入社团建设中，并以社团为载体，积极参与社会实践与志愿服务，提升综合职业素养的德育模式。通过深入挖掘教育教学资源，创建“美丽职业人”实践平台与评价体系等举措，培养学生提升职业素养的同

* 上海市第二轻工业学校“社团建设”品牌培育项目。

时，塑造美丽心灵，达到培养“美丽职业人”的目标。

二、项目实施目标与总体思路

我校学生社团建设的特点在于将社团与专业技能学习相结合，与志愿者服务相结合，与职业素养培养相结合。通过这三个结合，提高学生的综合素质，培养有理想、有道德、有文化、有纪律的“美丽职业人”。

与专业技能相结合，目的在于让学生通过专业相关社团的实践活动，了解自己的专业技能情况，进一步激发学习兴趣与动力，进而反馈课堂教学。专业社团的开设也是对学校教育教学资源的进一步挖掘开发，从设备、人员等软硬件，多方面保障社团活动的专业性和有效性。

与志愿服务相结合，体现在通过与志愿服务活动的结合，让学生拥有实践锻炼的机会和展示舞台，使学生学有所用，学有所乐。在提升学生自信心的同时，增加其学习的获得感与价值感，激发学习动力，并能学会感恩、学会奉献。

与职业素养相结合，体现在将社会主义核心价值观的渗透以及爱国情怀、职业责任意识的培养融入社团活动过程中。社团活动形式多样，环境氛围轻松。活动过程中学生易于敞开心扉，学校也更容易在活动中渗入德育内涵，融入社会主义核心价值观教育，向学生传达正确的人生观与价值观，并且通过传统文化与人文艺术的熏陶，全面提升学生的文化素养和艺术修养。

三、项目实施过程

（一）以专业技能实践为切入

中职学生的培养方向主要为技能型人才，因此学校根据开设专业情况，将学生的专业技能学习与社团建设相结合。既有利于学生社团的发展，也有利于学生专业技能的学习与实践，通过社团轻松愉快的氛围，让学生发挥专业所长，激发对于专业学习的兴趣，提高专业学习的主动性。因此，我校集中开设了一系列专业相关社团，如与物流专业结合的物流社团和Go购社团，与美发与形象设计专业结合的化妆社团，与工艺美术专业结合的绘画社团和书法社团，与动漫与游戏制作专业结合的动漫社团，与会计专业结合的金源社等，并随着专业发展与社团建设发展的情况自然更替与增长。例如，后期开设电子商务专业后，由商贸社取代Go购社团；西烹专业建设加强后，新开设调酒社团；计算机与数码产品维修专业和计算机网络技术专业联合开设了智能 IT 服务社；工艺美术专业增开了泥塑社团；等等。

把学生社团与专业结合建设的成果是可喜的。一是保证了社团指导教师的专业性，保障了社团活动的质量。社团活动虽然是以学生为主体，但是社团指导教师的主导作用也极为重要，学生活动中常常需要教师及时给予正确的指导和纠正。因此，学校借助专业部的力量，选派配备专业技能和教学能力双优秀的教师作为社团指导教师，解决师资困境。二是学生能在将课堂学习的技能进行实践操作、提高动手能力的同时，了解自己在专业技能学习上的不足，反馈课堂教学效果。此外，青春期的学生更乐于尝试，而非单纯的被动听讲，专业技能的实践操作可以进一步激发他们的学习兴趣和内在动力，以此提升学生的专业能力以及未来在专业上的前景。三是保障了社团的长期稳定发展。与专业相结合的社团保证了学生的参与率，减少流失率，对于社团的长期稳定发展非常重要。四是获得了家长的支持和认可。专业社团让学生学有所用，并且培养了他们的实践能力和劳动习惯，让家长看到了孩子的成长，也加深了家长对学校教育教学工作的认识，学校与家长进一步达成教育共识。

（二）以志愿者服务，培养社会责任感为载体

在现代社会，青年志愿者服务已经成为国际社会衡量一个国家地区文明水平的一个重要指标。参加志愿者服务，对唤醒学生的公民意识，培养其社会责任感，增强他们的社会归属感和参与水平，将产生积极而深远的影响，也是实现学生自我发展与社会进步双向互动的有效载体（图 1，图 2）。

图 1　化妆社团学生为老人修眉

图 2　绘画社学生为社区绘画宣传墙

学生志愿服务一直以来是我校的品牌活动。例如，坚持十六年，并荣获南京路民兵团“为民服务廿五载优秀组织奖”的每月 20 日南京路志愿者活动；

社区交通文明志愿者活动等。志愿者活动主要由团委组织，因此以团员干部为主，覆盖面有限。在提出社团建设与专业结合后，为了让学生更好地学以致用，并且增强学习自信和专业自信，学校将社团建设与志愿服务工作结合起来。例如，组织化妆社团的学生积极参与各项大型活动，为演员化妆，甚至参与各项市教委的大型活动，如2012年的国际职教大会，上海市璀璨星光艺术节的闭幕晚会，上海市中职女校长合唱团等；舞蹈社团参加了国盛集团教师节庆典活动，上海市后勤协会颁奖大会，洋泾社区各项文化活动等；智能IT服务社为洋泾街道社区居民提供手机及笔记本电脑的维修和检测服务；商贸社团为学校师生提供团购服务；物流社团为其他学生提供快递包裹代收寄存服务；创客社团通过交流板张贴自己的特长，为其他同学和老师提供相应的服务。

学校还将社团建设与各类赛事相结合，在全国文明风采大赛、上海市璀璨星光艺术节、九校书画联展、校园艺术节、技能节等活动中，都取得了丰硕成果。例如，网集社团以社员为重点培养对象，每届全国文明风采大赛选拔学生积极参与职业生涯规划比赛，多次获全国一等奖；摄影社每届全国文明风采大赛组织社员积极投稿参赛，屡获殊荣；书法社、绘画社每年选派优秀作品参与九校书画联展；各社团在学校艺术节和技能节上表现突出。

将社团建设与志愿服务、各类比赛相结合后，明显增强了学生在社团活动中的获得感与成就感，学生更乐于参与社团活动，化被动学习为主动学习。同时，通过对他人的服务和奉献，学生对于社会责任感的理解更加深刻和具体。

（三）以提升学生综合职业素养为抓手

学生社团活动形式丰富，内容多样，由学生根据兴趣爱好自主选择。除专业类社团外，最受欢迎的当属文化类社团，如音乐社、舞蹈社、摄影社、心理社、手工社、非遗民艺社等。学生在参与社团活动的同时，陶冶情操，提升人文素养，在增长能力的同时，更重要的是得到了中华传统文化的熏陶和培养对社会主义核心价值观的认同。

社团指导教师严格按照企业规范要求学生，在日常活动中，让学生能形成习惯，养成良好的职业素养，在实习就业时就可以更好更快地适应企业的要求。商贸社学生需分析客户的需求，对销售商品进行选择，培养他们的商业触角，同时，商贸社内多专业学生都能发挥所长。会计专业学生负责每次交易的记账与每月清算；物流专业的学生负责商品配送；工艺美术专业和动漫专业的学生负责海报设计与绘制等，在专业技能与专业素养培养的同时，也是团队协作意识与能力的锻炼。金源社以会计专业为基础，要求学生在为物流社、商贸社等社团提供服务过程中，严格遵守会计规范；化妆社则要求在为他人提供服务时，要热情主动，并严格遵守卫生要求，完成服务后也要全部收拾干净。类似的教育案例比比皆是。

四、项目实施成效

（一）提升了学生的职业技能和综合职业素养

学校坚持贴近学生需求办社团，开设学生喜闻乐见、注重学生技能培养的社团，全面提升学生的职业能力和综合素养。

例如，商贸社的无人售货项目很好地体现了学生诚实守信的优秀品质，项目成立两年多来，从未发生过物品缺失的情况（图 3）；心理社也常常组织各种活动，为与同伴交往困难的学生打开了一扇窗；音乐社、舞蹈社的各种文艺活动，让学生发现了自己闪光点（图 4）；礼仪社、茶艺社、国学社等社团让学生在活动中规范自己的行为，以严要求、高标准规范自己，长久内化为自己的习惯；创客社的学生通过自己的特长为需要的同学提供服务，不仅锻炼了交往能力，也让学生在服务过程中体会工作的不易。

图 3　商贸社无人售货项目在洋泾街道创业大赛中获奖

图 4　舞蹈社团学生在演出

（二）培养了学生的爱国情怀和文化自信

学校将社会主义核心价值观和中华传统文化教育融化在各类学生社团活动中，在活动过程中潜移默化地影响学生的世界观、人生观和价值观，培养学生的爱国情怀和文化自信。

以2018学年为例，学校通过社团为载体，举办了各项丰富多彩的社团活动。例如，“我和我的祖国”第七届校园文化艺术节闭幕式，暨2018学年社团嘉年华活动。这边书香墨香配花香，那边琴声鼓声配掌声。舞台上，戏剧、古筝、化妆、书法、音乐、舞蹈等社团的学生准备的文艺会演高潮迭起；舞台下，调酒、手工、绘画、动漫、非遗、IT服务、物流商贸、纸艺、摄影等社团的技能和作品展示精彩纷呈。又如，“唱响新时代、放飞青春梦”合唱比赛，比赛范围涵盖全校，经过多轮选拔，决赛时还邀请曼哈顿音乐学院及兄弟学校的专业教师进行指导和评比，丰富学生课余生活的同时，增强其爱国意识与文化自信。再如，全国文明风采大赛的校内预选赛，各社团积极参与，提交的作品不胜枚举，其中不乏精品。

非遗民艺社团和化妆社团还参加了上海市中等职业学校学生校园文化社团展示活动，非遗社团的师生向市民介绍了千年古法蓝染的传承和技法，化妆社团学生运用高超的化妆技术让体验的市民容光焕发，学生娴熟的技艺使市民赞叹不已，流连忘返。非遗民艺社更是自2017年起数次参加上海大世界非遗传习教室课程活动，社团学生通过蓝染手作、节日花灯、植物拓染、端午香囊与市民进行互动。学生在活动中，了解了中国传统文化的博大精深，也把学生的爱国情怀、文化自信和价值观培养结合起来，使社会主义核心价值培养和优秀传统文化教育常态化。

（三）探索了有效德育途径，打造品牌项目

近年来，社团活动愈加受到学生的欢迎与喜爱，切实提高了学校的德育实效，并且形成良性循环，学生乐于参与，学校大力支持，在不断探索中，构筑符合我校特色的有效德育途径，即将学生社团与专业技能、志愿服务、文化素养三方面结合。学生通过社团活动不仅获得了知识和技能，更重要的是全面提升了综合素质，积极参与社会实践，学会感恩社会，习得优秀文化，成就“美丽职业人”。

我校连续12届被评为上海市文明单位，连续7年荣获全国文明风采大赛优秀组织奖，网集社、摄影社等学生的职业生涯规划作品和摄影作品屡获全国一等奖。除此之外，我校还是全国五四红旗团委、上海市中职系统艺术教育先进集体。2017年，心理社社长、非遗民艺社和网集社社员李娜荣获“全国最美中职生”称号。

五、不足与展望

我校虽然在社团工作上进行了很多有效尝试与探索，但依旧存在一些不足。例如，社团活动时间常与上课时间冲突，因学校各专业课程安排不一致，并没有专用于社团的活动时间，尤其是参加两个以上社团的学生，往往难以兼顾；活动场地受限，因学校办学面积有限，因此很难保证每个社团拥有自己的专用教室，这也是学校社团建设中的主要瓶颈。

此外，部分社团指导教师的专业性有待提高，尤其是艺术和文化类社团，需要外聘专业教师进行指导。外聘教师往往存在专业延伸性不够、稳定性差等问题，对于社团活动开展的有效性与连续性存在一定挑战。因此，学校鼓励社团指导教师进行专业进修，以便更好地指导学生。

经过近年来的探索和实践，我校社团建设日益正规化，并具有中职校特色。随着社团建设工作的不断推进，我校也将继续进行新的尝试，在坚持优秀传统的基础上，不断创新，以培养“明德、善能、创新”的美丽职业人为目标，坚持立德树人，培养新时代中国特色社会主义的合格建设者和接班人。

关爱独居　和美孝亲*

上海奉贤中等专业学校　滕军燕　卫婷婷

引言　上海奉贤中等专业学校通过"关爱独居　和美孝亲"项目的实施，以"立德树人"为指导，组织学生参与志愿服务公益项目，培育和践行了社会主义核心价值观。在实践中以志愿服务阵地化、规范化、经常化和制度化为途径，探索中职生社会实践与专业学习，与培养服务技能相结合，提升职业素养相融合的育人体制，提升德育实践活动的实效性，使学生达到"受教育、学技能，作奉献"的目的，使"关爱独居　和美孝亲"项目成为一个具有广泛影响和社会动员力的品牌。

一、项目实施的背景

随着中国逐步进入老龄化社会，关爱老年人，提高老年人的生活质量，已经成为当今社会不容忽视的大事。尤其是我校所处的奉贤地区，近年来，随着城镇化建设的加快，进城务工的农民工数量增多，独居老人的数量也日益增多。为弘扬和继承中华民族尊老爱幼、孝亲敬长的优秀传统文化，引导学生以实际行动践行社会主义核心价值观，我校开展了"关爱独居　和美孝亲"公益项目。通过志愿者服务的形式，引导学生从自身做起，从小事做起，常怀敬老之心、常兴爱老之风、常做助老之事，学会"老吾老以及人之老"，善于用行动去诠释尊老爱老的内涵。同时，让学生在给老人带去关爱、快乐

* 上海奉贤中等专业学校"关爱独居　和美孝亲"文化品牌培育项目。

和温暖的实践体验中，感受到服务他人的快乐和满足，进而引导学生化“小孝”为“大孝”，提升学生社会公德意识和承担社会责任的能力。

二、项目实施目标和总体思路

弘扬和传承中华民族尊老爱幼优秀文化传统，通过组织学生参与志愿服务公益项目，弘扬志愿者服务精神，用以点带面的方式，逐步扩大活动的覆盖面，培育和践行社会主义核心价值观，探索和总结实践育人的新机制。锻炼中职生的各项劳动技能，提升综合职业素养，探索中职生社会实践与专业学习，与培养服务技能相结合，提升职业素养相结合的管理体制，提升德育实践活动的实效性。

“关爱独居　和美孝亲”公益项目，以志愿者服务的形式，通过统筹项目内容，使志愿服务阵地化；通过志愿者队伍建设，扩大参与志愿服务群体，使志愿服务规范化；通过形成服务内容体系，使志愿服务经常化；通过强化过程考核，使服务管理制度化。让学生在服务社会、增长才干的过程中，学会爱与责任，从而达到“受教育、学技能，作奉献”的目的。使“关爱独居　和美孝亲”公益项目成为一个具有广泛影响和社会动员力的品牌，同时成为校园和社会一道亮丽的风景。

三、项目实施过程

（一）统筹项目内容，使志愿服务阵地化

我校本着因地制宜、因需制宜、因人制宜的原则，在项目开展前期，首先通过调查研究和实地走访各村委、居委会，根据调研情况，最终选定以奉贤区四团镇新桥村、杨家宅村高龄独居老人群体作为志愿者服务的主阵地。我校与四团镇新桥村、杨家宅村委员会完成共建，签订相关协议，挂牌“奉贤中专学生德育实践基地”。

其次，组织校“学习劳模班”学生实地考察两村，先行开展了“关爱独居　和美孝亲”的公益项目试点活动。每周六，同学们风雨无阻地到四团镇杨家宅村、新桥村老人家里，陪老人聊天，测量血压、心率等，送去来自晚辈的关心和关爱，让老人们感受到温暖。同学们在为老人的服务活动中，提升了对志愿者精神的理解，也对中华优秀传统文化的“孝道”有了新的感悟，更为进一步开展项目积累了经验。

（二）志愿者队伍建设，使志愿服务规范化

我校建立健全了“关爱独居　和美孝亲”公益项目的规章制度。志愿者严格按照规章制度进行志愿服务。志愿者队伍设立指导教师、队长、副队长、组织委员、宣传委员、生活委员，切切实实做到计划好、组织好、宣传好、管理好、服务好。

在此基础上，我校又自主研发志愿者培训教材，对学生进行思想和技能培训。结合我校的德育教育目标，将《平“语”近人——习近平总书记用典》中引用的古代典籍和经典名句，包括专家的诠释解读，制作成书签，供学生和公益项目志愿者学习，致力于培养学生的家国情怀与责任担当，引导学生始终坚持理想信念，着力锻炼高尚品格，不断增长能力才干，永远保持奋斗精神，勇于投身创新创造。同时，我校聘请礼仪、心理、医护、家政等方面教师，为志愿者提供专业技能培训，如服务对象的心理特点、服务内容、服务地点、医疗设备的使用等。

我校还通过展板、广播、校园网、新媒体等平台及时发布活动新闻，让在校学生及时了解目前独居老人的生活状态，触发学生对老人的怜爱之心、关怀之情，自觉主动加入志愿服务行列。同时，让更多的学生和社会群体关注到这一服务项目，加大对关爱独居老人工作重大意义的宣传，扩大宣传无私奉献、关爱老人的感人事例，从而扩大志愿者服务队伍。

（三）形成服务内容体系，使志愿服务经常化

在服务内容上，我校以独居老人的需要和学生力所能及为原则，确定了以下志愿服务的内容和项目。

其一，每周周末，志愿者采取一对一形式，自行前往老人家里进行志愿服务，包括剪指甲、测量血压、聊天、下棋、散步、读报、喂食、清扫房间等。每周将老人的身体生活状况等信息通过学校自主开发的软件发送到老人子女的手机上，提醒老人的子女及时关心、陪伴老人（图 1）。志愿者完成服务后，登录志愿者服务网站提交活动感受。截至目前，共服务人数约 300 人，服务约

图 1　测量好血压一键发送

7 500次。

其二，每月学校组织志愿者为老人开展一次文化生活服务。包括老人相聚“党建微家”，观看学生文艺演出，学生和老人共同包饺子、馄饨，开展歌唱比赛、象棋比赛，等等。

其三，每季度为每个被服务老人制作一份健康记录册，内容为每次为老人测量的血压和心率测量值以及生成的曲线图表，为老人的健康情况提供了一份直观便捷的记录；编制老人的日常生活照片、服务场景、老人笑脸、感人或有趣的故事，为老人的晚年保留一些珍贵的图文资料，也为项目以后的深入和拓展提供资料和依据。

其四，每半年为老人提供一次免费体检。动员和组织社区服务站医务人员上门为老人进行健康体检；招募我区医学院大学生志愿者，为老人进行志愿服务。

其五，每年我校与村委会联合为老人过集体生日，送祝福、送温暖，并总结志愿服务工作；利用节日时间，上门看望老人，陪他们说说话，并给老人送上有祝福意义的礼物，让他们开开心心过节日（图2）。

图2　送上母亲节的祝福

（四）强化过程考核，使志愿服务管理制度化

学校规定，学生去实践基地参与“关爱独居　和美孝亲”公益项目时，必须携带学校下发的《爱心护照》，并根据服务时间、服务质量录入相应志愿学时。每次活动后，志愿者要及时登录志愿服务相关网站提交服务日记。学期末学校开展总结，表彰优秀志愿者，对服务过程中出现的问题进行及时调整。

新时代的公益项目，除了做好项目的服务工作，还要善于利用信息化技术、大数据分析等具有时代气息的先进方式和方法，为项目的可持续发展提供客观数据的保障。学校特聘兼职教师指导志愿者自主开发相关小程序，建立项目专用微信号和数据库。指导学生用二维码生成等信息技术，为项目开展提供技术支持。学生每次为老人测得的血压和心率值，都要录入相应的数据库，并匹配老人子女的微信号，使他们的子女能及时关注到家中老人的健康情况。学校还结合职业技能课程建设，为项目提供技术支持和保障，让学生自主进行志愿服务网站的日常维护并及时更新相关信息，为学生学以致用提供了一个良好的社会实践平台。

四、 项目实施的成效

（一）提升学生思想品德修养，探索了实践育人的新机制

学生以志愿者服务为形式，自发地服务社会、关爱社会上有需要帮助的群体，是当前学校德育社会实践教育的一个重点，也是培育和践行社会主义核心价值观的有效途径。学生在与独居老人相处过程中，增进了对社会的了解，增强了对中华传统文化和“和美孝亲”的理解，志愿服务已成为引导学生践行社会主义核心价值观的有效途径，成为学校推动社会主义核心价值观培育的重要载体。学生在社会实践的同时，将所学知识与技能转化为服务社会的本领。在服务过程中，不仅培养了学生无私奉献的精神，增强了他们的社会责任感，也让他们接触了社会，培养了团队合作精神，更进一步弘扬了家国情怀，增强了承担社会责任的意识。

（二）培养了服务社会的能力，提升德育实践活动的实效性

自“关爱独居　和美孝亲”公益项目启动后，学生充分发挥所学知识和技能，定期围绕亲情陪伴、医疗保健、多彩生活等方面开展活动，同时建立独居老人档案和志愿服务档案，把独居老人的基本信息及志愿者团队每次开展活动的情况记录下来，形成了良性循环、有效互动的工作局面。同时，志愿者队伍也在不断壮大，由最初的几人发展到现在的一百多人。一方面，志愿者的陪伴给独居老人提供了心灵的关怀，积极组织老人参加文体活动，丰富了老

人的精神文化生活；使老人摆脱孤独寂寞，保持健康的精神状态。另一方面，通过实践锻炼，学生们把自己所学的专业知识与技能应用到志愿服务中，用技能型志愿服务配合当地村委做好基层社区治理的工作，这一点更加可喜。这也是职业教育的成果转化参与社会治理的生动实践，打通科技成果转化“最后一公里”。既提升了学生服务的专业技能，也强化了学生的职业责任意识。

（三）激发了学生学习技能的热情，提升综合职业素养

志愿者学生在践行社会主义核心价值观和弘扬、继承中华民族尊老爱幼、孝亲敬长的优秀传统文化过程中，通过“五个到”（想到、身到、听到、心到、做到）和“六个一”（一声亲切问候、一番贴心聆听、一封村情告知、一次健康服务、一帧居家照片、一键亲情发送）的服务方式，积极参与到“关爱独居　和美孝亲”项目中。他们用自己所学的信息技术，给老人们送去关爱，也让自己在志愿服务中得到成长，并提高了研究问题、分析问题的能力，锻炼了各项劳动技能。学生利用信息技术手段，发挥职业学校专业技能优势，开发项目网站及网络小程序，以信息化手段协助奉贤区四团镇各村居委关心独居老人，让他们感受到人间温情，形成了中职生社会实践与专业学习相结合，与培养服务技能，提升职业素养相结合的育人体制。

五、项目实施后的展望

（一）建立激励机制，鼓舞志愿队伍

“关爱独居　和美孝亲”公益项目的开展，旨在培养学生各方面的综合素质。学生参与志愿服务主要是为了追求精神境界的提升。学校应根据这一心理状态设立各种精神奖项，适时进行表彰。比如，每学年评选十佳志愿者、优秀志愿者、活动金点子等激励机制，对志愿者进行激励；志愿者分队也可评比模范小队、星级队伍等。在表彰大会上，学生们可以在分享自己的实践经验和感悟的同时，积极为项目建言献策，取其精华，及时弥补存在的不足，实现质的飞越。

（二）提升服务质量，寻求多元资源

志愿者服务是一项长期公益活动，需要更多的机构、社团、群体、个人的参与，志愿服务的力量才会更强大。我校结合“劳模工匠进校园”活动，邀请全国劳动模范一起参与志愿项目，一方面劳模们服务群众的意识可以影响学生，另一方面也可以指导学生更好地开展服务工作。未来，我们仍将主动寻求与政府、企业的合作，与公益慈善机构、专家的合作，从而提升服务质量。学校会努力盘活社会资源，为志愿活动提供有利条件，让社会更多地了解关爱老人的重要性，让更多人参与到志愿服务中，让志愿精神在社会管理创新的进程中发挥更显著的作用。

在读书中明辨是非　在读书中感悟人生*

上海市现代职业技术学校　马晓慧

引言　上海市现代职业技术学校始终坚持以“立德树人”为宗旨，把引导学生树立社会主义核心价值观、传承中华传统文化作为德育工作的重要内容，开展“五好小公民”主题读书活动已近二十年。通过读书活动，引导学生树立鸿鹄大志，重视技能培养，并在实践中将学校小课堂与社会大课堂相结合，将理论与实践相统一，帮助学生在读书中明辨是非，在读书中感悟人生，在践行社会主义核心价值观的过程中培养学生的职业素养，促进学生成长成才，使学校德育工作不断落实、落小、落细。

一、项目实施的背景

上海市现代职业技术学校一直以来以“立德树人”作为学校的办学宗旨，在教育教学工作中突出“成才先成人”的理念，连续多年被评为“上海市行为规范示范校”。我校把引导学生树立社会主义核心价值观，传承中华传统文化和坚定理想信念作为德育工作的重要内容，开展了“五好小公民”主题读书活动已近二十年。

在新一轮学校德育规划中，根据习近平总书记对关心下一代工作的重要指示，以及深入开展“传承红色基因·争做时代新人”活动的要求，学校在原有开展的读书活动基础上，努力探索将社会主义核心价值观教育和中华传统文

* 上海市现代职业技术学校“五好小公民”文化品牌培育项目。

化教育融入读书活动中，通过读书活动，引导学生树立鸿鹄大志，重视技能培养，通过理论和实践相统一，学校小课堂同社会大课堂相结合等途径，培养学生综合素养，促进学生成长成才，使学校德育工作不断落实、落小、落细。

二、项目实施的目标和总体思路

（一）项目实施目标

我校“五好小公民”文化品牌培育项目不断探索将社会主义核心价值观教育和中华传统文化教育融入读书活动的形式和方法，激发师生读书热情，使师生养成多读书、读好书、会读书的习惯；通过读书活动，培养学生的爱国情怀和文化自信，引导学生自觉学习和传承中华优良传统文化；让学生在读书中得到智慧启发，开阔视野，增长知识，促进学生成长、成才，使学校德育工作不断落实、落小、落细。

（二）项目实施的总体思路

1. 开展主题活动，树立中国特色社会主义理想信念

学校通过开展主题读书活动，将社会主义核心价值观和中华传统文化教育融入其中，引导学生树立理想信念，结合主题纪念日，组织专题学习，让学生感悟到正确的人生观和坚持理想信念的重要性，进一步在学生心中坚定中国特色社会主义道路自信、理论自信、制度自信、文化自信，坚定在中国共产党的领导下实现中国梦的信心和决心。

2. 挖掘社会资源，形成理论与实践相结合育人机制

注重学生素质培养，组织学生走出校门，参加有主题的实践活动，引导学生在自觉践行社会主义核心价值观的实践活动中，达到理论与实践统一，开阔视野与提高素质统一。

3. 培养读书习惯，引导青年学生在读书中感悟人生

有计划地开展主题读书活动，以集中诵读经典著作、分享读书心得、感受优秀文化、共同学习进步等形式，拓展学生的知识视野、国际视野、历史视野，让学生在读书中感悟人生，努力使读书学习成为学生的一种学习方式。

三、项目实施的过程

（一）将理想信念深入学生主题读书活动

读书会结合形势任务教育和教育部指定的“五好小公民”读本，精心组织相应的主题读书活动，组织学生一个单元、一个主题认真学习，课堂上采用多种形式组织教学，教师讲解与学生阅读分享相结合（图 1）。

图 1　主题读书活动授课

1. 纪念抗战胜利 70 周年活动

以“铭记抗战历史，弘扬抗战精神”为主题，多次进行专题讲解，使学生了解中国抗战史，懂得珍惜今天来之不易的幸福生活，牢记“居安思危”“落后就要挨打”的道理，发扬“国家兴亡，匹夫有责”的爱国精神。

2. 纪念红军长征胜利 80 周年主题活动

邀请区关工委报告团副团长离休干部陆诚同志讲长征故事，弘扬中国共产党为了自己的理想而奋斗、不怕牺牲与坚持到底的精神，教育学生要铭记红军的丰功伟绩，继承伟大长征精神，走好自己的“长征”路。

3. 纪念中国共产党成立 95 周年

进行了“奋斗的历史，辉煌的成就”教育，使学生懂得“没有共产党就没有新中国，没有共产党就没有中国特色的社会主义”，从而坚定听党的话、跟党走的信念。

4. 学习贯彻党的十九大报告

对十九大精神进行宣讲，引导学生学习了解改革开放历史，深刻体会改革开放以来国家发生的翻天覆地的变化，进一步坚定学生对中国特色社会主义的道路自信、理论自信、制度自信、文化自信，坚定在中国共产党的领导下实现中国梦的信心和决心。

5. 开展多个讲座和报告会

邀请长宁区关工委副主任李仁杰作“弘扬中国精神，共圆中国梦想”主题报告，邀请“全国最美中职生”林凡谈“我能行，中职生也能有出彩人生”的体会。

共产党人“不忘初心，牢记使命，永远奋斗”的信念深深打动了学生，同学们为我国进入中国特色社会主义新时代所鼓舞，报告中“青年一代有理想、有本领、有担当，国家就有前途，民族就有希望”，更是激励学生在为实现中国梦的奋斗中书写好自己的人生华章。

在原有的读书活动基础上，学校还逐步完善活动的组织形式。学校集合全校德育力量和关工委老同志，与学校的思政课教师共同形成了一支精力充沛、经验丰富、积极创新、乐于奉献的读书活动指导教师队伍，成为读书活动的组织者和引导者（图 2）。“讲师团”成员分专题备课，跨校区授课，解决了指导教师不足的困难。校领导不仅主动为老同志订阅报纸杂志，还经常关心老同志的身体，上门慰问。领导的重视和关怀，提升了老同志的工作热情。很多老同志已经七八十岁高龄，有的身体欠佳，但每次都精神饱满地坚持站立授课，学员们从老同志的身上看到了共产党员的先进性，感受到了老同志的人格魅力和对真理、理想执着追求的精神，感悟到正确的人生观和坚持理想信念。

图 2　读书活动“讲师团”

（二）将社会资源注入学生主题实践活动

现代教育是开放的教育。学校利用和开发社会资源，组织了适合学生身心发展的主题实践活动，引导学生注重理论与实践的统一，既符合现代德育发展的需要，也使学生的理想信念在实践活动中不断升华。

1. 纪念抗战胜利 70 周年教育

学校组织师生与老同志一同参观淞沪抗战纪念馆、四行仓库、国歌展示馆。一幅幅图片，一件件实物，一段段文字，生动再现了抗日英雄不畏艰险、视死如归，为国家和人民英勇献身的悲壮历史，师生们感受到抗战的艰辛不易，抗战前辈们顽强拼搏、忠诚爱国的精神永远激励着大家。

2. 纪念中国人民解放军建军 90 周年教育

师生们来到新四军广场（新四军陵园）缅怀先烈（图 3）。纪念碑的两侧镌刻了4 150位新四军战士的名字，看到这些，大家仿佛穿过了岁月的沧桑，重现战火纷飞的年月。这些战士的生命虽已消逝，但他们的名字将永远留在人们的心中。

图 3　读书会师生赴新四军广场缅怀先烈

3. 学习党的十九大报告活动

师生们又来到了中国共产党诞生地——中共一大会址。大家怀着崇敬的心情走进了这幢老上海风格的石库门楼，漫步在展馆内，耳畔似乎又响起了习总书记“不忘初心，牢记使命，永远奋斗”的声音——要为中国人民谋幸福，为中华民族谋复兴。无论老同志，还是师生参观后都由衷赞颂中国共产党的丰功伟绩，深感没有中国共产党就没有新中国。

一次次社会实践活动，革命先辈感人至深的精神以及他们为人类、为新中国所做出的贡献和壮举深深地打动了学生心灵，使学生产生了对共产党和英雄人物的无限敬仰，从而感到自己责任的重大，树立了自觉践行社会主义核心价值观、传承红色基因的决心，将红色之路坚定地走下去。

为促进学生自觉践行社会主义核心价值观，将理论知识运用于实践，学校还组织读书会学员深入社区，开展社区志愿服务活动，以体验社会责任和服务他人的快乐。学生与华阳街道何稼祥结对已有二十多年，如今何叔叔变成了何爷爷，志愿者也换了一批又一批，但每周何爷爷还是会在同学们的陪伴下，穿梭在中山公园以及华阳社区周边的街区，感受时代的变化，也感受同学们的朝气蓬勃，这一幕幕熟悉的画面也收录到长宁凝聚力工程的展馆中。今年，在团委和校关工小组的带领下，读书会的学员们参与到学校“橙志愿者服务队”中，华阳校区成立“车之友”服务队，坚持为社区内的残障人士提供服务（图4）；安龙校区的学生参与仙益社区的“垃圾分类志愿服务活动”，让社区的“垃圾分一分，环境美十分”；番禺校区学生利用自己的专业特长，将美味带进社区，将欢乐带给老人；新渔校区学生利用课余时间，为社区老人传授手机的使用和最新 APP 玩法，深受大家的欢迎。同学们用自己的实际行动，回馈社会，在志愿服务活动中感受社会责任，为人民服务的宗旨，真正做到了“在读书中感悟人生，赠人玫瑰手留余香”，学校被评为“全国青少年五好小公民主题教育读书活动先进集体”。2011 年，学校被评为“全国青少年《光辉的旗帜》读书征文活动示范学校”。

图 4　浓浓云南情，温暖老人心——“车之友”服务队

(三) 将自觉读书融入学生成人、成长、成才

每学期期初，学校德育部门都会制订一学期的读书计划，开学初举行开班仪式，两周一次的读书活动从未间断过，学期结束进行交流、表彰和总结。全校共有四个校区，分四个读书班，读书班每个学期共有学生约 100 人。目前，学生参加人数多、热情高、活动形式多样、内容丰富，大家深得裨益。学校有机结合社会资源，充分调动学生的积极性，把“要我读”变成“我要读”，把以往机械式的教育变成学生自觉自发的学习行为。学生也在参与读书活动中培养了读书的习惯，陶冶情操，滋养浩然之气，在拓展知识视野、国际视野、历史视野的过程中，促进了成长成才。

读书班的学生参加全国、市区读书征文活动和演讲比赛屡获嘉奖。获奖的征文在学期结业典礼上交流，传播正能量，扩大教育影响。学校读书班每年推选 2 名优秀学员参加“长宁区青年学生马克思主义读书会”，让学生有机会在更广阔的平台上与优秀青年学生交流。师生互相讨论切磋，谈体会，做交流，写征文，办演讲。大家在读书中不仅懂得了道理，而且得到知识的拓展和能力的锻炼。

四、 项目实施的成效

(一) 促进学校德育工作落实落细

学校开展的读书活动，弘扬优秀传统文化，引导学生在践行社会主义核心价值观的过程中，汲取奋进的动力，从而树立理想信念，培养学生文化传承的自觉性，也提升了当代青年学生对国家、民族自身文化的认同感与自豪感。主题读书活动坚持“青春团建党建”品牌，把“读”“书”“会”的作用发挥起来，紧密结合“青年大学习”行动，把深入学习宣传贯彻习近平新时代中国特色社会主义思想和党的十九大精神作为首要政治任务和核心主题，推动习近平新时代中国特色社会主义思想在青年学生中入耳、入心、入脑，吸引了大批优秀青年学生参加，引导青年学生不忘初心、牢记使命，形成正确的价值观和学习方式，也促进学校德育工作落实落细。

(二) 形成理论与实践一体化育人机制

推动青年学生文化传承的关键是做到在实践中出真知，使其“学而信之、信而仰之、仰而用之”。在二十年读书活动开展中，学校努力把读书的体验做得更加立体、更加贴近需求，做成一个与青年学生学习、生活、实践紧密相关

的服务综合体，形成理论与实践一体化育人机制。读书活动既引导学生树立鸿鹄大志，也促进学生重视技能培养，既重视学校小课堂的教育，也重视引进社会资源的实践，将理论与实践相统一。读书活动帮助学生在读书中明辨是非，践行社会主义核心价值观；在读书中感悟人生，敢于挑战自我，勇于担当社会责任；在读书中充实自我，在传承红色基因中，争做时代新人。

（三）培养和提升学生的职业素养

读书活动引导广大学生一起多读书、读好书、善读书；树信念、敢担当、守规矩，做有为青年。学校不断积累经验，努力使读书成为学生的一种学习方式，让学生得到智慧启发，滋养浩然之气，努力做成有温度、有亮度、有广度、有气度、有深度、有力度的学生读书品牌。读书班学生通过"五好小公民"主题教育读书活动，拓展了知识，提高了思想，陶冶了情操，他们渐渐体会到读书的益处和知识的力量，读书班锻炼了学生的谈吐和交往能力，提高了写作和演讲水平。读书活动已成为学校落实德育工作的有效途径，增进了团青文化的交流互动，帮助一批又一批青年学子成人、成才，涌现出"学生党员"朱江、代晓燕，"全国最美中职生"林凡等一批优秀学生。自 2012 年以来，在全国青少年读书征文活动中荣获特等奖 1 名，一等奖 2 名，二等奖 4 名；连续五年荣获上海市长宁区中学生读书征文演讲比赛一等奖。

五、项目实施后的展望

主题读书活动作为青年学生理想信念教育和素质修养提升的重要途径，未来还将承载着更加重要的使命。学校将在工作格局、队伍建设、支持保障等方面改进措施，推动读书活动建设内涵式发展，营造青年学生积极参与读书活动的良好氛围。读书活动要坚持主导性和主体性相统一，读书学习离不开教师的引导，同时要发挥学生主体性作用；要坚持灌输性和启发性相统一，注重启发性教育，引导学生发现问题、分析问题、思考问题，在不断启发中让学生水到渠成地得出结论；要坚持显性教育和隐性教育相统一，挖掘其他课程和社会活动中蕴含的德育资源，实现全员、全程、全方位育人。

传承中华文化优秀基因　形成校园文化特色品牌*

上海市工商外国语学校　周立伟

引言　上海市工商外国语学校以“龙文化”为中华传统文化教育的突破口和切入点，将社会主义核心价值观和中华传统文化教育融入校园文化建设和学生的专业学习中，增强学生对“龙文化”的认同感，培育学生的爱国情怀，增加文化自信，有效提升学生的职业素养。我校“龙文化”系列社团的建设，探索了学校文化育人的途径，发挥了学校龙文化基地的辐射功能。

一、项目实施的背景

上海市工商外国语学校是一所以国际交流和多种外语教学的特色驰名于沪上的中职名校，学校以“国际化”为发展战略，以七个语种的商务外语专业和数控技术应用专业为主要专业群，为社会培养了数以万计的复合型、发展型技能人才。

根据我校的专业特点和学生成长需求，通过多年的思考和实践，选择了“龙文化”作为校园文化的重要支柱，使其成为学生综合素养和情感培育的切入点。因为龙在中国是具有标志意义的文化符号之一，中国人自称炎黄子孙、“龙的传人”，说明了中华文化对龙文化的推崇。我们所说的“龙文化”，不仅是指和龙有关的文化，而是中华优秀传统文化的代表。龙的独立精神、包容精神、创新精神是学校“龙文化”创建的三要素。这三个层次的精神特质与我校

---

* 上海市工商外国语学校“龙文化”品牌培育项目。

的国际化发展战略和“立人立业，知行合一”的校训是互相呼应的。

二、项目实施的目标和整体思路

（一）实施的目标

在多元人才培养的过程中，我校关注学生的个人综合职业素养和可持续发展能力的培育，除了知识的获取、技能的掌握，还强调有内涵的提升、情感的丰富及正确“三观”的确立。在学生的社会主义核心价值观培育过程中，将“龙文化”作为一个本土文化的强悍支点，使其成为学生认同中华民族文化的支撑点，培养具有较深中国传统文化底蕴、对国家和民族充满热爱、具备强烈的民族自豪感和使命感的合格技能人才。

（二）整体思路

项目实施的整体思路是对龙文化内涵进行概括和重构，寻求与学校校园文化和国际化发展的结合点，探索社会主义核心价值观培育融入学生专业学习的教育模式。

在学校形成浓郁的中华优秀传统文化的传播氛围，引导学生了解“龙文化”的起源和发展，增强学生对“龙文化”的认同感，提高学生的民族自尊心、自信心、自豪感。拓展宣传渠道，发挥我校龙文化基地的辐射功能，加强中华传统文化的国际化推广力度，增进来访的国际师生对中国文化的理解。

将“龙文化”融入课程体系的学习中，将德育践行与专业实践相结合，提升学生的职业素养。

建立和培养“龙文化”系列文化社团，为学生搭建感受中华传统文化的平台，也为社会主义核心价值观教育落地提供载体。

三、项目实施的过程

（一）将社会主义核心价值观教育与校园文化建设相融合

学校将龙文化探究列为学校校园特色实践项目之一，让学生通过中华“龙文化”内涵的探究，初步了解中国龙文化的起源、发展等方面的基础知识，增强学生对“龙文化”的认同感，逐步了解中华优秀传统文化中的思想、道德、价值观和内涵。领会龙的精神，增强民族自尊心、自信心、自豪感，自觉实践社会主义核心价值观与民族精神，培养爱国情怀。

在校园环境布置及龙文化主题活动的开展中有所突破。多年来，我校开展龙文化主题墙设计、三龙社团优秀成员事迹展览、龙文化展示周等活动，努力把龙文化这个抽象的文化符号现实化、日常化，让学生真正感受到龙文化成为校园生活的一部分，在潜移默化中受到影响和感染。

策划实施系列传统文化教育活动，使传统文化教育全面开花，让学生体会中国传统文化的博大精深和社会主义核心价值观形成的源远流长。开展“龙文化经典诵读”活动，从《论语》《大学》《老子》《弟子规》《三字经》等名篇中挑选经典片段，每个班每个学生都积极投入到经典诵读中，体会古代文言文的魅力、先人的智慧以及做人的道理。举行龙舟下水仪式，结合“二月初二龙抬头”这一传统节气，设计“祭龙—游龙—龙下水—点睛—龙舟展演”的过程，每个流程都蕴含了传统文化的丰富内涵（图 1）。结合学校礼仪教育体系，设计“五大古礼”文化展示，即：清明节——慎终追远、拜先祖；端午节——艾灸祛病射五毒；中秋节——心共婵娟寄明月；重阳节——尊老敬长传家风；孔子诞辰——尊师重道解疑惑。充分考虑与我校已有学生社团如汉服社、礼仪社、射艺社等活动的紧密结合，形成可操作、能复制、长期进行的传统特色文化活动，把传承中华优秀传统文化的教育推向更高层次。

图 1　中华传统教育

开设“飞龙讲坛”讲座。聘请校内外名家名师，为学生进行历史、艺术、科技等主题讲座，内容涉及中国古代史、论语、昆曲、心理学、大数据等，深受学生的欢迎。

开展丰富多彩的主题教育月活动，进行民族精神教育和社会主义核心价值观教育，形成“月月有主题、周周有重点、天天有内容”的德育局面，对学生的思想、行为产生不间断的正面影响。

（二）将社会主义核心价值观教育与专业技能培养相结合

学校组织并开展有关龙文化的课题研究，将龙文化探究与学校的各项工作推进逐步进行整合，逐步完善龙文化校本课程的研究与实践，将社会主义核心价值观教育落细在平时的专业学习中，通过各项教育教学管理和实践，努力把学校打造成一所与时代发展同步、教育教学实践与改革氛围浓郁、具有龙文化教育品牌的国际特色示范校。使学生在接受“语言加技能”的全方位国际化教育及深度参与各类形式多样的国际交流活动的同时，抓住中国传统文化的强悍支点，培养民族情怀，增强文化自信，加深对国家、民族的深厚感情，成为一个有家国情怀、有责任担当、有文化内涵的合格国际化技能人才。

学校在成立“三龙”社团之初，就确立了开展“龙文化”创建的主要目的是充分关注每个学生综合职业素养的提升，引导学生将个人成长融入学校整体发展之中。结合学校的特点，深入挖掘龙文化精神的内涵，从两个方面精心设计了九条小龙的卡通形象，以此为“龙文化”的代表（图 2）。第一个方面是从个人素质和才艺方面考虑，有重在通晓各种中国传统文化的“博闻龙”，有具备较高艺术水平和鉴赏能力的“艺术龙”，有体魄强健、热爱各种运动的“运动龙”，还有通晓各种外语、对世界不同文化都能理解、包容的“四海龙”。第二个方面是从个人品质的多种要求方面，设计了有着高远志向、独立精神且能锲而不舍的“笃志龙”，有仁爱宽厚、集多种美德于一身的“明德龙”，有博爱友善、热心公益事业的“公益龙”，有无论是在基础文化课还是专业技能课上都孜孜不倦的“勤学龙”，也有推陈出新、不断追求新思维、新境界的“创新龙”。“九条小龙”丰富了“龙文化”的内涵，也为学生的学习提供了具体而形象的榜样，贴近学生生活和成长需求，激发了学生学习的积极性，促进了学生职业技能的提升。

图 2　“龙文化”代表

（三）将社会主义核心价值观培育与学生实践活动融为一体

学生社团是载体。建立和培养“龙文化”系列中国传统文化社团，形成以龙舟、龙狮、风筝、竹竿舞、射艺为主干，以民乐、民舞、汉服、礼仪、武术为外延的学生社团结构，覆盖全校各教学部和各班级学生，形成强大的号召力和影响力。学生社团不仅为学生搭建了感受中华传统文化的平台，也为社会主义核心价值观教育落地提供了载体。2013 年，我校龙狮（地龙）社团正式成立，并在市级比赛崭露头角。2014 年，我校又成立了风筝（天龙）社团、龙舟（水龙）社团，至此，我校“三龙”社团俱全。2015 年 5 月，我校成功申报上海市龙文化传承教育基地；2017 年 11 月，建立射艺社和武术社，“龙文化”十大社团正式成型。

在训练和比赛的过程中，学生们感悟了龙文化精神，锻炼了强健的体魄，还对集体协作的团队精神有了更深的体悟。2017 年和 2018 年，我校龙狮社、龙舟社、民舞社分别获得徐汇区明星社团的荣誉称号。2017 年 12 月，“龙文化”被评为上海市中职校校园文化优秀项目。“龙文化”系列文化社团在校园营造了独特的教育载体，传承了中华民族“龙文化”精髓，引导学生在实践中践行社会主义核心价值观，培养学生吃苦耐劳、团结协作的职业精神，促进了学生职业生涯的可持续发展。

（四）发挥龙文化基地的辐射功能，加强中华传统文化的国际化推广力度

将龙文化内容融入国际部的国际汉语课程体系，让更多短期国际交流师生愿意、乐于接受并宣传龙文化，同时鼓励更多中长期国际学生参与龙文化的各类赛事和展演，让他们自觉自愿地成为龙文化的宣传者，为龙文化这一民族文化走向世界做出贡献（图 3）。

每年在中华艺术宫、东方体育中心等开展龙文化系列公益讲座和培训，向社会传播龙文化，积极主动服务于周边社区及青少年人群。此外，我校还把龙文化体验活动如射艺、风筝制作、舞龙等送到兄弟学校、中小学校园，主动发挥龙文化基地的普及作用。

四、 项目实施成效及取得的经验

（一）提升学生综合素养，学生在各级别比赛中屡获殊荣

我校在国内林林总总的各类龙文化赛事中，精选了一些含金量高的比赛项目，组织我校龙文化社团学生踊跃参加，获得了令人瞩目的好成绩。例如，在上海市每年端午节进行的龙文化全能赛中，我校龙狮社连续多年蝉联“双冠王”，即同时获得龙狮自选项目和传统项目一等奖；在江苏溧阳举办的第十一届全国青少年龙狮锦标赛中，我校龙狮社获得了第一名的好成绩，在全国产生了一定的影响力。我校龙舟队在龙文化全能赛中，屡次获得龙舟赛高中组二等

图 3　文化交流

奖、三等奖；在 2018 年的苏州河世界龙舟邀请赛中，龙舟队获得了高中组第二名的好成绩。风筝队在龙文化全能赛中，每年都能获得运动风筝一等奖；在山东潍坊举行的第 13 届世界风筝锦标赛中，获得了团体第二名的不俗成绩。龙文化主干社团中稍晚成立的射艺社，在上海市青少年体育俱乐部联赛射箭比赛中，一举获得传统弓高中组女子冠、亚、季军和团体冠军，男子组冠、季军和第四名，可谓声名鹊起。

（二）聚焦学生成长，创新学校文化育人的模式

学校“龙文化”建设的目的，最终要实现我校学生快乐成长和多元化发展的办学宗旨。学校围绕文化育人的宗旨，开展一系列有针对性的活动，教育引导学生作为龙的传人，主动对接传承中华优秀传统文化，追求人格独立和自我价值统一，培养“明德守正、文雅得体”的工商外学子形象。

(三) 提升文化自信，积极成为文化传播使者

在国际接待和出访交流中，努力培养学生树立文化使者形象，引导学生自觉担负起传播祖国优秀传统文化的责任。通过文化交流，学生不但学习了国外文化和先进技术经验，自己也在对外传播和重温民族文化的过程中进一步了解了祖国的文化，增强了民族自豪感。几年来，有多名国际学生作为“三龙”社团正式队员参加训练和比赛，并成了比赛中的一大亮点，同时也与中国小伙伴积下了深厚的友谊。

提升国际交流的文化内涵。学校在与德国、韩国和瑞士等国家的姐妹学校互访和“一带一路”夏令营活动中，开展了有关中国历史、上海经济、书法绘画、饮食文化、民风习俗、太极武术、音乐舞蹈等方面的展示活动，取得了良好的效果。

五、后续工作展望

经历了六年的发展，在取得了一些成绩的同时，我校也在不断思考如何把“龙文化”的校园文化品牌继续做大做强，与我校的“融和”学校文化相结合，成为一个能在广大教职工和学生的群体中，拥有较强号召力和凝聚力的具象化品牌，并与学校的教育教学工作紧密结合，相辅相成，成为一个互相促进的文化整体。

首先，“龙文化”要更好地融入学校的整体校园文化“融和”文化中。龙文化作为当前我校德育工作中的一个重要切入口，在德育活动、学生社团、体育竞赛等方面取得了一定的成绩，但是，最终目标是要和学校的其他文化因素特别是国际化，共同形成一个囊括学校各个条线工作和各个部门工作的总的主题。

其次，“龙文化”要和学校的育人工作进一步结合，与德育工作的总体规划进行配套。开展“龙文化”创建的目的，最终要实现我校办学宗旨，即实现学生的快乐成长和多元化发展。因此，龙文化的竞赛、交流、主题活动等，都要和学校的学生培养目标相结合，把一切工作落实到学生的发展上。“九龙”的设计就体现了这一思路。后续，学校将围绕“九龙”开展一系列针对性活动，教育引导学生作为龙的传人，主动对接传承，追求人格独立和自我价值统一，培养明德守正、文雅得体的学子形象。

最后，“龙文化”本身的文化底蕴和精神特质还需要进一步发掘。“龙文

化”其实是一个象征，它代表的是中华民族优秀的传统文化基因，我校要在这些文化要素中撷取和学生培养目标相对应的一部分元素，将其稳定化、精细化、定向化，使其符合当前我校学生培养工作中公民教育、素养教育、职业教育的内容需求，这是需要不断提炼和总结的一项浩大的工作。

综上所述，学校作为“龙文化”传承教育基地，将努力打造以“龙文化”为特色、结合多元文化共同发展的“融和”校园文化整体平台，不断培养文化自觉，传播文化精髓，铸造文化灵魂，提升文化自信，为进一步实现学校发展的宏大目标奠定稳固的文化根基（表 1）。

表 1　龙文化社团所获荣誉

年份	主要成绩
2014 年	风筝队获上海市学生风筝赛单项一、二等奖
2015 年	舞龙队获上海市龙狮校园文化展演赛高中组第一名和“最佳创新奖”
2015 年	风筝队获上海市“海湾杯”团体二等奖
2015 年	上海市民体育大联赛运动风筝锦标赛学生组一等奖
2015 年	龙舟队获上海市普陀区青少年龙舟锦标赛优秀奖
2014 年	第一届上海市学生龙文化全能赛分获团体第三名
2015 年	苏州河龙舟邀请选拔赛中学组第六名
2015 年	市民体育大联赛龙舟项目中学组第二名
2015 年	第二届上海市学生龙文化全能赛分获团体第三名
2015 年	第二届上海市学生龙文化全能赛舞龙队分获舞龙传统、自选两项金牌第一名
2015 年	第二届上海市学生龙文化全能赛龙舟队收获了“高中组”比赛二等奖
2015 年	第二届上海市学生龙文化全能赛风筝队获得最佳表演奖
2015 年	舞龙队参加爱飞翔“乡村教师培训”开幕表演
2015 年	舞龙队参加上海国际青少年足球邀请赛开幕式表演
2015 年	舞龙队获得上海市龙狮校园文化展演赛高中组第一名和“最佳创新奖”
2016 年	苏州河龙舟邀请选拔赛中学组第四名
2016 年	上海市民体育大联赛舞龙舞狮（传统项目一等奖）第一名
2016 年	上海市民体育大联赛舞龙舞狮（自选项目一等奖）第一名
2016 年	第三届上海学生龙文化全能赛舞龙舞狮（传统项目二等奖）第四名

（续表）

年份	主要成绩
2016 年	第三届上海学生龙文化全能赛舞龙舞狮（自选项目一等奖）第一名
2016 年	上海市民俗体育运动会开幕式最佳表演奖
2016 年	第三届上海市学生龙文化全能赛运动风筝（高中组）一等奖
2016 年	江苏仪征长三角地区龙舟邀请赛优秀奖
2016 年	第三届上海市龙文化全能赛二等奖
2016 年	苏州河国际龙舟邀请赛中学组第二名
2017 年	第四届上海学生龙文化全能赛舞龙舞狮（自选项目一等奖）第一名
2017 年	第四届上海学生龙文化全能赛舞龙舞狮（传统项目一等奖）第一名
2017 年	第四届上海市学生龙文化全能赛龙舟赛（高中组）三等奖
2017 年	第四届上海市学生龙文化全能赛运动风筝（高中组）二等奖（男队）
2017 年	第四届上海市学生龙文化全能赛运动风筝（高中组）一等奖（女队）
2017 年	苏州河国际龙舟邀请赛中学组第三名
2017 年	中国潍坊“崔宇香油”杯第 13 届世界风筝锦标赛第二名
2017 年	上海职教系统校园文化建设优秀项目
2017 年	2017 明星社团——龙狮社（上海市徐汇区团委、徐汇区教育局、徐汇区学生联合会）
2017 年	2017 第十届全国舞龙舞狮锦标赛少年组第二名和最佳表演奖
2018 年	第十一届全国舞龙舞狮锦标赛舞龙自选套路（少年组）第一名（男队）
	第十一届全国舞龙舞狮锦标赛舞龙自选套路（少年组）第三名（女队）
2018 年	第五届上海市学生龙文化全能赛龙舟比赛（高中组）二等奖（1 队）
2018 年	第五届上海市学生龙文化全能赛龙舟比赛（高中组）三等奖（2 队）
2018 年	第五届上海市学生龙文化全能赛运动风筝（高中组）一等奖
2018 年	第五届上海市学生龙文化全能赛运动风筝（高中组）一等奖
2018 年	第五届上海市学生龙文化全能赛运动风筝（高中组）二等奖
2018 年	第五届上海学生龙文化全能赛舞龙舞狮（自选项目）一等奖
2018 年	第五届上海学生龙文化全能赛舞龙舞狮（传统项目）一等奖
2018 年	“斐讯杯”上海苏州河城市龙舟国际邀请赛（中学组）第三名
2018 年	徐汇区明星社团——龙舟队、民舞社

（续表）

年份	主要成绩
2018 年	徐汇区优秀社团——合唱社
2019 年	第六届上海学生龙文化全能赛舞龙舞狮（自选项目）一等奖
2019 年	第六届上海学生龙文化全能赛舞龙舞狮（传统项目）一等奖
2019 年	“斐讯杯”上海苏州河城市龙舟国际邀请赛（中学组）第四名
2019 年	第六届上海市学生龙文化全能赛运动风筝（高中组）一等奖
2019 年	第六届上海市学生龙文化全能赛龙舟比赛（高中组）二等奖
2019 年	第 15 届世界风筝锦标赛（潍坊）双线运动风筝团体第三名
2019 年	首届“阿利弓箭杯”校园射艺冠军赛男子组第一名、第二名、第四名、第五名、第六名，女子组第二名、第四名、第五名、第六名、第七名、第八名
2019 年	上海市青少年体育俱乐部联赛射箭比赛传统弓高中组女子冠军、亚军、季军和团体冠军，男子组冠军、季军和第四名
2019 年	长三角城市龙舟联谊赛（合肥）三等奖
2019 年	“江桥杯”上海市第二届龙狮精英赛一等奖

构建“青年马克思主义者培养工程”育人平台　做青年思想引路人*

上海商业会计学校　　陆瑞雯

引言　习近平总书记在纪念五四运动100周年大会上讲道：“青年的理想信念关乎国家未来。青年理想远大、信念坚定，是一个国家、一个民族无坚不摧的前进动力。”中职生正处于人生观、价值观形成的关键时期，自我意识、独立意识不断加强，但缺乏成熟稳定的判断思维，容易受到外在不良思潮和风气的影响。为此，我校开展了青年马克思主义者培养工程（以下简称“青马工程”）的培育项目。通过“青马工程”的实施与开展，使学生坚定理想信念，提升理论修养，锻炼个人能力，明确青年的责任与使命。“青马工程”已成为学校培养和践行社会主义核心价值观、培养青年成长成才的有效平台。

一、项目实施的背景

学生的思想教育是学校德育工作的重中之重，学生的理想信念是否正确决定了我们党和国家未来的发展方向。受当今社会一些不良思潮的影响，一部分学生存在理想信念模糊、发展方向缺失等问题。中职生正处于世界观、人生观、价值观形成的重要阶段，正像习近平总书记在历次会议上指出的，青少年阶段是人生的“拔节孕穗期”，最需要精心引导和栽培。要坚持不懈传播马克思主义科学理论，抓好马克思主义理论教育，为学生的一生成长奠定科学的思想基础。要用新时代中国特色社会主义思想铸魂育人，引导学生增强中国特色社会主义道路自信、理论自信、制度自信、文化自信，厚植爱国主义情怀，把

* 上海商业会计学校“青马工程”文化品牌培育项目。

爱国情、强国志、报国行自觉融入坚持和发展中国特色社会主义事业、建设社会主义现代化强国、实现中华民族伟大复兴的奋斗之中。2017 年 4 月，中共中央、国务院印发《中长期青年发展规划（2016—2025 年）》，重点提出将“青年马克思主义培养工程”列为 10 个重点建设项目之首。2016—2018 年，上海商学院高等技术学院交通路院区团委、上海商业会计学校（以下简称“商会校”）交通路校区团总支，贯彻落实党中央、团中央的指示精神，组织实施了“青年马克思主义者培养工程”项目，使“青马工程”成为院（校）区青年学生思想政治教育、学生干部、优秀青年培养的有力抓手和有效途径。

二、项目实施的目标和思路

“青马工程”以“立德树人”为根本任务，通过教育培训和实践锻炼相结合的方式，着力增强青年学生的政治素质、提升思想境界、优化能力结构、锤炼作风品格，坚定学生对于走中国特色社会主义道路的理想信念，发挥优秀青年在学生中的影响力和榜样引领作用，为中国共产党培养具有坚定马克思主义理想信念的社会主义接班人。

“青马工程”项目在实施过程中主要从建立选拔机制、构建课程框架、促进资源融合、完善考核制度四个部分内容展开。围绕“信仰·对话”“理想·握手”“榜样·同行”“青春·奋斗”四大模块，采取线上线下相结合的培训形式（图 1）。将社会主义核心价值观的教育渗透到对学生培养的全过程，学生通过小组理论学习、专题讲座提升政治理论素养，牢固树立共产主义理想信念；通过优秀学生宣讲会、学员学习分享会，使学生在同伴教育中树立远大的理想和人生目标；通过素质拓展，提升团队协作能力和社会实践能力；同时，开设线上学习平台，进行相关模块的网络课学习，多渠道提升育人效果。

三、项目实施的过程

（一）建立选优机制，形成中高职学生一体化培养育人模式

商会校交通路校区包含中职和高职两个学段的学生，且中职学段学生以中高职贯通班为主。参加“青马工程”的学员通过基层团组织推荐，院（校）级团组织面试相结合的选优方式产生。第一轮先在各基层团支部内进行民主推荐，被推荐的学员填写信息表上报至“青马工程”工作组；第二轮对被推荐学员进行面试选拔，选拔标准包括政治理论素养、学生工作经历、个人基本能力三个部分，通过学员的现场面试表现进行打分，综合考量，优中选优。选优机

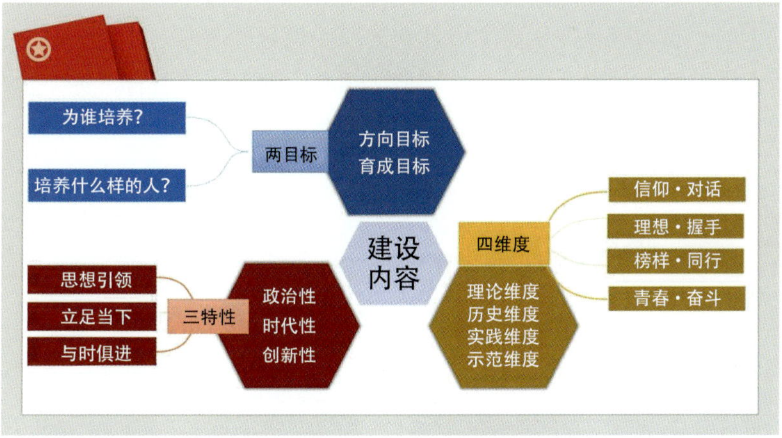

图 1　"青马工程"建设内容

制保证了培养对象的质量。

同时，为了实践探索"青马工程"中高职学生一体化培养育人模式，在选拔过程中，我校按中职生与高职生的人数比例 3∶2 来构成，充分发挥高职学生引导和帮助中职学生的作用，形成"大手拉小手"的育人模式。在这种育人模式下，一方面，优秀大学生对中职生起着榜样的引领作用，年龄相仿，经历相同，更容易使他们相互沟通、互相影响、思想趋同。另一方面，在学习和讨论中，中职学生可以就一些疑难困惑的问题请教高职学生，而高职学生要帮助学弟解惑答疑，必须沉下心来，努力学习、深入研究，从而使双方由浅入深、由表及里地认识和掌握基本理论与知识，有效地提高了自身的思想政治素质、政策理论水平和实践创新能力。

（二）构建课程框架，强化理论联系实际的能力

构建"四维度"课程体系，涵盖理论维度、历史维度、实践维度、示范维度，对应设立四大学习模块。整个课程体系呈现两个特点：一是理论知识学习的内容突出政治性（思想引领）、时代性（立足当下）、创新性（与时俱进），以提高学员的理论修养；二是强化理论联系实际的学风，运用所学的理论，解惑社会热点，破解自己在学习工作中遇到的难点，提升解决问题的能力。

"信仰·对话"和"理想·握手"模块主要包括"青马大讲堂"和线上课程两大内容。青马大讲堂以理想信念教育为主线，通过四场专题讲座，紧扣时下热点，贴近青年话题，在改革开放 40 周年之际，让青马学员认清新时代历史方位和时代发展步伐，从青年的角度思考青年的担当（图 2）。学生在课后线上平台的“心得感悟”中反映对社会问题的思考与关注，并能结合个人谈反思和体会。同时，与线上课程相辅相成，多平台提供学习素材，进一步帮助学员提高理论修养，树立正确的理想信念和价值观。

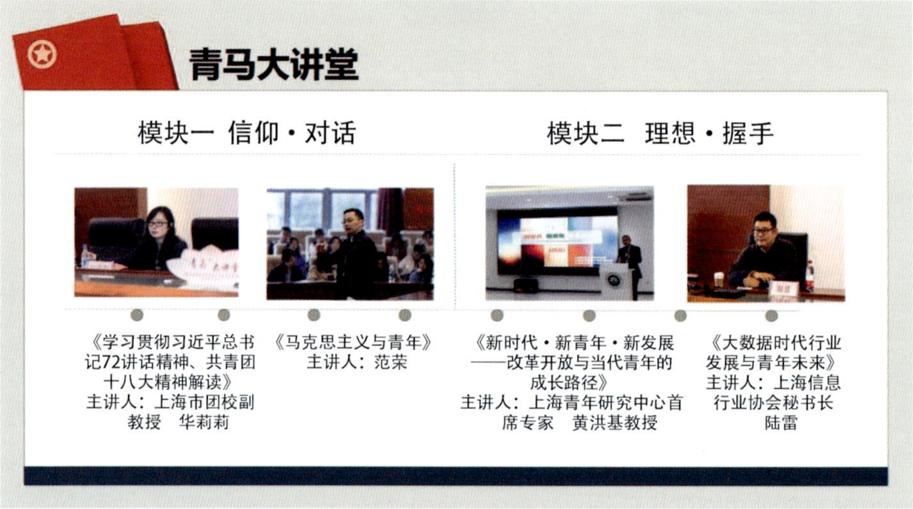

图 2 青马大讲堂

“榜样·同行”和“青春·奋斗”模块，通过开设榜样力量宣讲会、青年说学习分享会、小组学习和素质拓展等活动强化学员理论联系实际的能力。

例如，通过前期的“青马大讲堂”理论学习后，为了检验学员们的学习情况和培养学生的理论联系实际的能力，组织开展了“青年说学习分享会”。围绕“时代与青年”这一话题谈谈自己的观点，多角度分析不同时代中青年人发挥的作用和承担的责任，以及其对社会发展产生的影响。学员们以小组为单位分工合作，集思广益、搜集资料、论证观点、精心准备演讲（图 3）。分享会上我校邀请了校党委、上级团委领导、上海青年研究中心首席专家等校内外青年工作、德育工作专家作为评委指导。中高职学员 9 个小组逐一上台演讲，围绕着当下社会的热点问题，联系自己学习的专业、工作实践，站在时代角度谈青年人的使命感和责任担当以及理想信念。学员们通过“学习—思考—交流分享—再学习”的过程，充实和提高了政治理论水平，同时也培养了学员解决实际问题的能力。

图 3　学员合作

（三）发挥资源优势，开拓多渠道育人途径

"青马工程"在实施过程中，充分发挥社会资源的优势，聘任行业和社会的专家参加培训班的活动，拓展学员视野，引导学员正确规划职业生涯，开拓多渠道育人途径。例如，特邀上海青年研究中心首席专家、上海市团校教授、上海信息行业协会秘书长等青年问题研究员和行业的专家开设系列讲座并与学员对话交流，让学生看到当下行业发展和时代更新，以更高的视角、更大的格局认识所学专业、未来的就业环境以及社会行业对人才的要求，鼓励学员向社会所需人才要求不断努力和成长。

除了线下教育外，我校还充分利用新媒体教育资源的优势，创设线上学习平台，提供各类名师讲座微课供学生选修，学生可以选择自己感兴趣的课程和喜欢的授课教师进行学习，为学员提供了多元化的学习途径(图 4)。

（四）坚持严格考核，实施多元评价方式

我校坚持严格考核和多元评价相结合的方式，对每一名学员作出客观的评定。按照整体培训流程和内容，制定了严格的考核标准，同时综合课程学习成绩、理论学习情况、实践互动参与度等多维角度，对每期"青马学员"进行严格评价考核，评选优秀学员，作为后续培养的依据(图 5)。同时，加大对优秀学员的表彰和宣传，发挥他们的榜样示范引领作用。这些优秀学员大部分成为学生干部队伍的骨干。

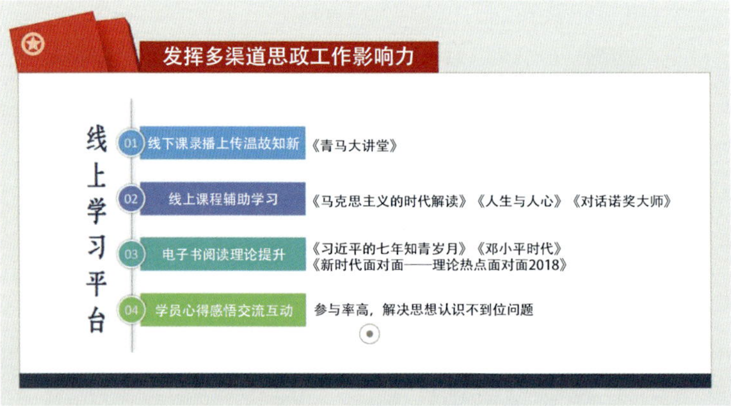

图 4 线上学习平台

图 5 “青马工程”培训班

四、项目实施的成效

（一）提升了学生政治理论素养，坚定了理想信念

“青马工程”的实施，使学生系统地学习了马克思主义和中国特色社会主义的理论，了解了我国的基本国情和社会发展历史过程，明确了青年人在中华民族伟大复兴中的历史责任和担当，提高了他们的思想觉悟，提升了他们的政治理论修养，培养了一批拥有坚定理想信念、听党话、跟党走的优秀学生。

（二）提高了学生实际工作能力，培养了一支优秀的学生干部队伍

“青马工程”在实施过程中，十分注重学员理论联系实际的能力，注重提高学员发现问题、解决问题的能力，成为培育优秀学生干部队伍的重要平台。第三期“青马工程”培训结束后，我校对学员进行了问卷调查和个案访谈，学员们普遍认为在思想政治素质、团队协作能力和深度思考能力三个方面提升较大（图6）。在“青马工程”的培训过程中，也发现了很多学员具有良好的品德和发展潜力，他们都将成为学生工干部队伍中的骨干力量。

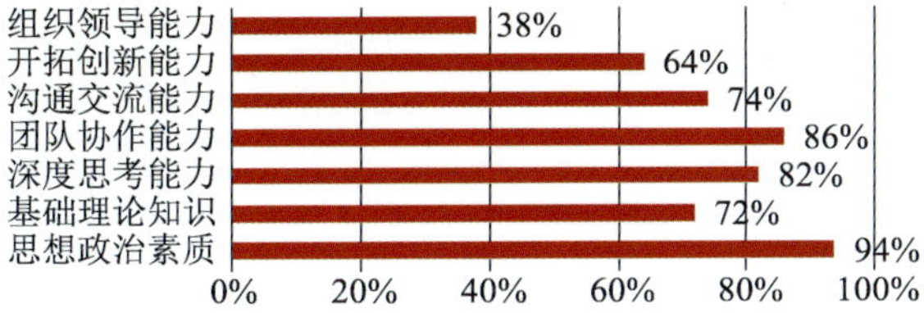

图6　能力提升自我评价

（三）探索了一条学校德育工作的有效途径

“青马工程”项目的实施，培养了一批批听党话、跟党走的优秀学生，在立德树人的实践中取得了很好的成效，找到了一条学校德育工作的有效途径。一方面通过“四维度”课程体系和多元化的教学方式学习培训，提高了学生的政治理论素养；另一方面通过体验式的实践，提高了学生实际工作的能力，从而提升了学生整体的素质。通过这种形式的学习使思想教育在潜移默化中浸润心灵，把社会主义核心价值观内化于心、外化于行，因此是德育工作的有效途径。

五、项目实施后的展望

“青马工程”项目的开展实施，从培养目标、培训内容、培养方法、培养路径等方面进行了有益的探索，形成了一套符合青年特点的教育体系和机制，成为学校培育青年成长成才的有效平台，在中职校系统产生了一定的影响。同时，在“青马工程”的项目中，中高职学生一体化培养的育人模式已初见成效，今后我校将致力于找寻高职学生和中职学生同时能够接受和理解的平衡点，并逐步完善这一育人模式，力争发挥更大的辐射作用，为其他中职校的德育教育提供借鉴和引领。

开设传统文化社团　提升学生综合素养*

上海市松江区新桥职业技术学校　李　梅

引言　上海市松江区新桥职业技术学校（以下简称“新桥职校”）通过开设传统文化社团，将社会主义核心价值观培育与中华传统文化教育融入文化社团建设中，并探索了传统文化进课堂、校园文化育人、学校社会资源共享和培养学生综合素养相结合的育人途径，增强了学生的文化自信，丰富了校园文化建设，激发学生学习的积极性，从而实现了学校的育人目标。

一、项目实施的背景

上海市松江区新桥职业技术学校创办于1986年，是松江区最早的职业技术学校，以工科制造加工类为主要专业。随着社会的不断发展，新桥职校将学生的培养目标从原先的“培养具有较强专业知识、熟练技能水平的劳动者”，扩展为“培养与经济社会发展相适应，具有综合职业能力、科学文化素养、良好职业道德、德智体美全面发展的高素质技能型人才”。为全面落实学校的人才培养目标，把社会主义核心价值观教育和我国优秀传统文化教育落小、落细、落实，我校开展了“传统文化社团”建设项目，通过深入挖掘传统文化中蕴含的丰厚的爱国情怀、民族精神和审美观，引导学生树立正确的世界观、人生观、价值观，践行社会主义核心价值观和传承中华优秀文化，从而

* 上海市松江区新桥职业技术学校“传统文化社团”品牌培育项目。

提升学生的艺术品位和综合职业素养，增强学校德育的有效性。

二、项目实施的目标和整体思路

（一）项目实施的目标

以“立德树人”为核心，探索将学生社团建设与社会主义核心价值观、中华优秀传统文化教育与学校育人目标有机结合的德育模式，引导学生树立正确的世界观、人生观、价值观，使其成为新时期学生思想道德规范的基础素养；通过深入挖掘传统文化中蕴含的丰厚的爱国情怀、民族精神和审美观，引导学生践行社会主义核心价值观，传承优秀文化传统，提升学生文化素养和艺术品位，提高综合职业素养，增强学校德育的有效性。

（二）项目实施的思路

以传统文化类社团为载体，使学生在书法创作、国画、灯笼制作、手工龙舟的3D打印等过程体验中，在潜移默化中，接受中华优秀传统文化的感染和熏陶，感受中华民族文化精神和践行社会主义核心价值观的重要性，加深对中华民族渊源文化和悠久历史的认同感，从而增强民族自尊心、自信心、自豪感；通过激发学生参与社团活动的积极性，让学生在实践中体验民族传统文化，把中华优秀传统文化的精髓外化于行、内化于心，提高学生的综合素养；通过开展各类社团活动，激发学生学习的积极性，培养学生的动手能力和创新精神，帮助学生树立并养成精益求精的“工匠精神”，使学生真正成为“与经济社会发展相适应，具有综合职业能力、科学文化素养、良好职业道德、德智体美全面发展的高素质技能型人才”。

三、项目实施的过程

（一）规范管理，推进传统文化进课堂

习近平总书记指出：“中华文化源远流长，积淀着中华民族最深层的精神追求，代表着中华民族独特的精神标识，为中华民族生生不息、发展壮大提供了丰厚滋养。”优秀传统文化也是新时代对中职生进行社会主义核心价值观教育的重要思想养分，对学生形成正确的世界观、人生观、价值观、理想信念等方面的教育有着极为重要的导向作用。为此，我校将中华传统文化社团的日常管理纳入学校的教学管理体系中，将传统文化社团的活动时间固定在每周三12点至13点（其他社团错开活动，安排在每周五下午），上课时间不少于60

分钟，学生和教师均有专人点名。同时，不仅要求教师在课前准备上课内容、工具、材料等，还组织教师进行教案的撰写、教学内容和方法的研讨，使社团有目标、有内容、有方法，形成完善的课程。

传统文化进课堂，不仅是技艺的传授，更是文化的传承。传统文化的深入人心、沁入骨髓不是一蹴而就的事，而是一个细水长流的过程。要让学生在不断的学习过程中爱上传统文化，不仅需要内容上的吸引，更需要一段时间的积累。我校将学生的出勤情况、学习过程、学习成果纳入评价体系中，通过管理体制的保障，让学生进一步规范学习过程，形成良好的学习态度，进而提高人文素养。

（二）组织落实，保障文化社团有序发展

我校为了更好地管理社团，让学生更深刻地了解传统文化的内在精神，理解传统文化的魅力，还专门设立以校长、书记为双组长的社团管理领导小组，将社团的课程管理落实到教务科，学生管理落实到学生科和团委，宣传归到学生会，从各个条线出发，相互协调，相互配合，将其作为学校的一项长期任务，做长远规划，促可持续发展，保障社团有序发展和德育育人目标的双赢。

“兴趣是最好的老师”。每年9月伊始，新生刚进校园不久，所有的社团老生会固定一个时间，在学校操场进行社团宣传和新生招募工作。新生在对所有社团进行了解的基础上进行比较，选择自己最喜欢、感兴趣的内容参与，不仅激发了学生的学习兴趣，更是学生日后认真学习的基础。

“兴趣是起点，坚持才能胜利”。兴趣带领学生进了门，但是能否坚持才是学生学有所成的必要条件。为了让学生坚持学习，学校在每个社团中实行学生自主管理，建立由社团负责人、宣传人员、活动记录员等人组成的社团管理委员会。除了日常的点名、通知外，学生还可以利用课余时间进行社团活动、研讨，与教师探讨社团教授的内容、活动的开展等，真正将社团交由学生自己手中，使学生成为社团的主人，保障学生社团的有序开展和良性发展。

（三）校社共建，将社会优质资源引入校内

资源共享，优势互补，是学校、社区精神文明创建活动的重要手段。我校积极参与校社共建，主动走出校园，将社区优质资源引入校内，共创精神文明家园。由于学校传承优秀传统文化的学生社团教师比较缺乏，学生中又有这方面的需求，从2014年起，我校党支部、团委、关工委开拓资源，与新桥镇教委、新育居委会联系，聘任了十多名各具特长的老年志愿者担任学校国画社、书法社、戏曲社、工笔画社、传统手工艺社等7个社团的指导教师，2017年又引入了3D打印社、舞蹈社、陶艺社等，引导学生认知和学习中华优秀传统文化。这不仅搭建了学校与社区共建的桥梁，而且发挥了关工委老同志深厚的文化底蕴，将传统文化的精华分享给学生，有效地提高了学生的文化素养与艺术审美修养。

学校为传统文化社团聘请的兼职教师，其中不乏上海市优秀艺术教师，也有中华当代书画艺术研究会理事，更有国家一级美术师、中国书画人才研究中心客座副教授、江西省抚州市书画研究院副院长等，他们成为学生通往传统文化道路上最好的引路人。每次上课，他们不仅传授文化艺术知识，而且通过言传身教培养学生良好的道德品质。兼职教师中有的已是古稀之年，60分钟一节课，有时候还要延长上课时间，他们都要坚持到最后一个学生完成学习任务。书法社团的老师费福康、孙杰峰的年龄分别是77岁和75岁，每次上课都是提前进入活动室，做好充足的课前准备工作，不仅把字体的运笔、书写等方法讲清，还把文字所蕴含的典故、文化一一道来，浅显易懂、生动有趣的方法深深地激发了学生的学习热情。在学生练习过程中，老师们还一对一点评、讲解、示范，细致耐心（图1）。

图1　文化社团

老师们对学生的付出与关爱让学生收获良多：从原来对传统文化的所知甚少到能画出一幅国画作品、做出各种花式灯笼、完成工笔画扇子等，学生在潜移默化中了解了中国传统文化的博大精深和内涵本质，提升了修养，同时，也学习到了老师们一丝不苟、精益求精的良好品德，内化为自身的行为准则。

（四）形式多样，发挥文化育人的作用

社团活动的根本目的是帮助学生了解中华传统文化，提升学生的文化素养。通过传统文化的学习，引导学生践行社会主义核心价值观和传承中华优秀传统文化。因此，社团坚持以"立德树人"为目标，以学生为主体，以发展为主线，设计了内容丰富、形式多样的各种活动，让所有学生都能获得参与的乐趣，在参与中感悟和提升。手工坊里有惟妙惟肖的木工制品，如松江的方塔，还有大小不一、栩栩如生的动物灯笼，丰富多彩的美术作品，培养了学生的动手能力及创造力；音乐室里古筝悠扬的乐曲，学生沉浸在艺术的熏陶中；舞蹈室里水袖舞、扇子舞、古风舞轮番上阵，飞扬的舞姿使每个学生都享受到艺术的快乐；书法教室里挥发着浓郁的墨香，一笔一画，握笔的姿势，静逸中洗涤着学生的心灵；陶艺社里陶土诱人；国画社、工笔画社里绚丽的画面都使学生兴趣盎然，培养了学生对艺术追求和爱好，丰富了课余文化生活；传统文化社团如火如荼地开展着，构成了校园一道靓丽的文化风景线。

我校还将传统文化社团中的作品渗透到其他育人活动中，如读书节、校园文化艺术节、五四纪念活动等。每年的校园文化艺术节是学生展示自我的一个平台，学校为优秀传统文化作品专门开辟展示环节，戏剧社的京歌《唱脸谱》、古筝社表演的《渔舟唱晚》、吉他社的吉他伴唱《当你老了》、舞蹈社推送的扇子舞、水袖舞，等等，还有现场书法社挥墨写对联，均给全校师生留下了深刻的印象，获得了好评，这也成了各个社团宣传自己、证明自己的舞台（图 2）。学校举行"五四"表彰时还专门表彰了优秀社团和优秀社团学员。值得一提的是，社团中的活跃分子也成了学校校风、文化宣传、班级文化建设的主力军，成了有责任心、讲文明、懂礼貌、关心集体、团结他人、诚信守纪、有品位的人。

四、项目实施的成效

（一）培养了学生尊重和认同中华优秀文化传统，提升了学生的文化自信

尊重和认同中华优秀文化传统，是学生爱国主义情感培育和发展的重要条

图 2　校园文化艺术节

件。由于我校大部分学生为随迁子女，父母来沪打工，家庭条件较差，文化知识基础较弱，学生普遍缺乏对中华传统文化的了解。在社团教师的精心指导和关心下，学生通过社团活动，对中华民族历史和文化多了一份尊重和理解，对祖国悠久历史、深厚文化传承多了一份接受和认同。我校以传统文化社团为工作载体，以学生喜闻乐见的形式传承优秀传统文化的精髓，让传统文化走进校园，浸润学生心灵（图 3）。学生在继承这些文化瑰宝的同时，内化于心，付之以行，培养了他们良好的人文素质和涵养。

图 3　学生正在进行中华优秀传统文化学习

（二）丰富文化育人形式，形成优良校风

传统文化社团项目的开展，使学校寻找到社会主义核心价值观培育和优秀传统文化教育与学校育人目标的结合点。传统文化社团的开展，在弘扬和传承中华优秀传统文化、提高我校学生人文素养的同时，将社会主义核心价值观和中华优秀传统文化的教育落到实处，为我校的德育教育找到了一条有效的途径，促进了我校德育工作的有效开展。

社团活动充实了学生的校园生活，丰富了校园文化。在学校的支持下，在社团教师和学生的共同努力下，将书画作品装裱好，布置在教学楼和教室里，汇集传统文化色彩的优秀社团项目参加校园艺术节的汇报演出，营造了整洁、优美、具有浓厚文化气息的校园人文环境，形成了优良的校风、良好的班风和浓郁的学风。我校荣获上海市中职系统行为规范示范校、上海市中职共青团特色单位，在上海市“璀璨星光”校园艺术节音乐剧、舞蹈比赛中获奖。

传统文化社团自开办以来，一直受到广大学生的热烈欢迎和深切喜爱，成为社会主义核心价值观和中华优秀传统文化教育重要的载体。

（三）激发学生学习积极性，提高学生综合素养

中华优秀传统文化是中华民族的文化根脉，是坚定文化自信、积聚更深沉更持久力量的重要源泉。学生的自立自强需要强有力的文化自信作为支撑，这种文化自信集中体现在民族精神、核心价值观、理想信念、学习创新、责任担当等文化内涵上，对激发学生学习积极性、树立为实现“中国梦”而奋发努力学习的自觉性有重要意义。因此，学校在举办社团文化艺术节时，特意布置了两间展示厅，展出了各个社团的优秀作品。有传统手工艺社团制作的动画人物，有国画社团的山水画，有数控铣工、车工的零件成果等，让更多学子多角度地展示了学习的成果（图4）。同时，还将书法社的作品布置在教学楼的每一个层面，在寓教于乐和于无声处浸润学生爱中华传统文化艺术、爱祖国的热情，潜移默化中拓展了学生人文素养的培养。那些平时默默无闻的学生大放异彩，学生通过一幅幅书法、素描、手工艺等作品，抒发了他们的家国情怀，展示了才能，体验了成功，收获了快乐，增强了自信。更重要的是，在社团获得的成就，帮助他们树立了专业学习的信心，增强了学好专业、掌握技能的自信。

随着传统文化社团的不断完善，蕴含着新时代新技术的社团也在更新与加入。比如，从2017年起我校开设了3D打印社团，并将其与龙文化结合，用新

图 4 山水画作品展

技术制作传统龙舟，并参加了松江区科技馆组织的手工龙舟赛；在机器人社团中，正在研讨将中国的书法与机器人的描轨技术结合，让工业机器人也能写出一手好字。艺术形式的不断更新、社团内容的不断充实、校园文化的不断丰富、学生的人文和情操不断提高，使学校德育结出累累硕果。

五、项目实施后的展望

学生社团是校园文化建设的重要载体，在学生素质拓展、培养合格人才方面起着重要作用。经过这些年的探索与实践，我校希望将传统文化社团不断完善，进一步壮大，在今后的工作中围绕立德树人的根本任务，遵循学生的认知规律和教育教学规律，按照既定目标，有序推进，使学校育人工作更上一层楼，为中华优秀传统文化传承与发展添砖加瓦！

让“工匠进校园”活动落地生根*

上海信息技术学校　任　健

引言　上海信息技术学校在开展“工匠进校园”活动的过程中，坚持以立德树人的精神为指导，以“持续推进工匠精神的宣传教育”“树工匠精神落地生根的样板”“深化全校的基础性活动”“发挥好工匠精神的溢出效应”四个方面为切入点，推出多项举措，深入推进工匠进校园，在做深、做优、做亮上花力气，让工匠精神和匠心育人在校园落地生根。

一、项目实施的背景

2016年12月，由教育部关心下一代工作委员会、全国总工会宣教部、上海市教育系统关心下一代工作委员会共同主办的“大国工匠进校园”上海首场活动在我校举行。我校在市教育关工委和中职分会陈主任等领导的精心指导下，认真设计和组织落实好上海首场活动的具体工作。教育部关工委主任李卫红等领导亲临大会。上海首场活动取得了圆满成功，得到了教育部关工委等领导的高度评价。首场活动之后，大国工匠进校园活动如何不停步、迈新步，持续开展下去，如何让“工匠精神”成为学生职业素养的精神底色和职业信念，这是新的历史时期学校落实“立德树人”的精神特质和亮点，也是摆在校关工委工作面前的一个重要课题。为此学校开始了让“大国工匠进校园”活动落地生根的新一轮探索。

---

* 上海信息技术学校“工匠进校园”文化品牌培育项目。

二、项目实施的目标和思路

（一）项目实施的目标

我校以“大国工匠进校园”活动落地生根为核心目标，坚持立德树人精神为指导，以“持续推进工匠精神的宣传教育”“树工匠精神落地生根的样板”“深化全校的基础性活动”“发挥好工匠精神的溢出效应”四个方面为切入点，结合社会主义核心价值观和中华民族优秀传统文化，推出一系列举措，深入推进大国工匠进校园，使全校师生对大国工匠和工匠精神从了解到感动，从感动到自信，进一步激励学生将工匠精神内化于心、外化于行，让工匠精神和匠心育人在校园落地生根。

（二）项目实施的思路

工匠精神的日常宣传教育必须持续推进，走进学校有氛围、走进系部有呼应、走进教室有感觉，持之以恒才能入脑入心。在上海中职关工委和校党委的领导指导下，我校将项目落实到校关工委、校关工委秘书处、学生发展中心、团委等多个职能部门，每学期根据学校的中心工作制订关工委工作计划，通过各项活动的开展，一波接一波地宣传工匠故事和工匠精神，在各类主题教育活动中，穿插一系列富含工匠精神的竞技活动和节目演出。

将系列活动与师德建设相结合、与家庭教育相结合、与“学劳模先进”相结合、与学生技能大赛相结合、与对口支援云南滇西精准脱贫工作结合起来，组织开展了“大小工匠面对面”活动、“小小工匠”评选活动、“走出去、请进来”活动、工匠精神融入系部文化、专业实训与工匠精神融合等活动。同时，我校还定期邀请胡双钱、张冬伟两位大国工匠进校园作工匠精神专题报告，并明确由团委、学生发展中心和关工委一起，落实大师走进不同的师生群体，深化报告活动。按照党委的要求，机电系在工匠精神进实训课的校本教材基本编写完成后，2018 年下半年开始，已部分排入教学计划，进行试教。

三、项目实施的过程

（一）持续推进工匠精神的宣传教育

1. 用好平台和载体

通过学校网站、微信推送、学校电视台、团委宣传栏、校园环境布置等五个平台、载体，一波接一波地宣传工匠故事和工匠精神，使全校师生对大国工匠和工匠精神从了解到感动，从感动到自信。

2. 渗透于各种活动

宣传教育还渗透到校园的其他大型活动中。在校艺术节、体育节、博学节、传统文化进校园、素质教育活动周、新生军训等主题教育活动中，都穿插富含工匠精神的竞技活动和节目演出，进一步激励学生将工匠精神内化于心。每年暑假新生军训，在党委安排下，关工委老同志委员都会前往军训基地看望军训师生并参加军训文艺晚会活动。

（二）树工匠精神落地生根的样板

1. 组织“大小工匠面对面”活动

2017 年 5 月，在校党政和关工委的支持下，机电系党支部举办了“与大国工匠面对面”学生论坛。“80 后”大国工匠、焊接大师张冬伟应邀来到学校，走进机电系，和师生们分享了自己从一名沪东船厂的技校学生，经过勤学专业、苦练技能，实现了从普通电焊工到电焊高级技师，到最终练就“在钢板上绣花”的绝技，成为大国工匠的成长之路。活动中，张大师还和在上海星光计划大赛获奖的小工匠们一起同台献技，和与会同学开展了互动交流。关工委选派老同志参加，并作了嘉宾点评。

2. 开展“小小工匠”评选活动

结合技能大赛备战和学校博学节活动，机电系开展了“小小工匠”评选活动。有五名学生被评选为 2017 机电系“小小工匠”，受到隆重表彰。这五名小工匠在上海市“星光计划”技能大赛中都有不俗的表现，其中谢晨辉同学在机器人技术应用项目中的总成绩名列全市第一，荣获金牌。“小小工匠”的评选活动激起了学生们学习技艺的热情，“技高一筹、取胜未来”成了同学们的成才梦。

3. 开展“走出去、请进来”活动

在把两位大国工匠请进机电系的同时，又分别组织学生到上海沪东造船集团、上海大飞机公司，现场向大师学习。此外，2017 年上半年，机电系书记、主任带领系里十多名青年教师到全国劳模、上海工匠、被称为“汽车心脏”守护神的上海大众汽车发动机厂徐小平劳模工作室学习。实地耳闻目睹了徐大师的工作环境、工作精神，听取了徐大师对工匠精神的讲解、对中职生岗位技能培养的要求，使青年教师开了眼界，增强了教书育人的使命感。2017 年下半年，机电系又邀请徐小平大师来我校参观了机电实验实训室。

4. 把工匠精神融入系部文化

机电系结合装备制造业对人才培养的要求，将原先以“敬业守信、精益求精”为主题的机电“精”字文化，进一步以工匠精神为指导进行修订。通过学习工匠精神，在各个教研组进行讨论。党支部又和校关工委联手，召开了“精”字文化内涵研讨会，邀请近十位关工委老同志积极参与，老同志们提出了不少将工匠精神融入的有益建议。

5. 探索专业实训与工匠精神的进一步融合

2017 年 9 月开始，机电系在三个专业分别确定一门实训课程作为“工匠精神进课堂”的试点课程，并在已有的实训教材外，为学生再编写一本校本教材。通过组织专业骨干教师，结合教学目标要求，根据实训规范，探索将工匠精神内涵进一步渗透于教学实训过程。10 月，校党委主要领导组织关工委老同志代表到机电系与三门实训课程的教师研讨具体方案，对形成的三份试点校本教材草案一一分析，提出了进一步修改的建议。2018 年 6 月，这三份工匠精神融入专业实训环节的校本教材编写完成。

（三）深化全校的基础性活动

上海首场活动中，钳工大师胡双钱、焊接大师张冬伟受聘为我校客座教授，为全校师生传承工匠精神后，学校党政和关工委进一步商量，一定要用好上级关工委给我校的这一宝贵资源，确定每年邀请两位大国工匠进校园作工匠精神专题报告，并明确由团委、学生发展中心和关工委一起，落实大师走进不同的师生群体，深化报告活动。2017 年，张冬伟大师走进机电系、胡双钱大师走进青年教师中作专题报告，传承工匠精神。2018 年上半年，胡双钱大师来到学校，走进参加各类技能大赛的学生中作专题报告；下半年，张冬伟大师进校，走进云南滇西新生中作了专题报告。不同的对象、不同的报告角度，使报告活动的针对性和效果得到进一步提升。

2017 年，我校在机电系首次试点评选“小小工匠”取得良好效果。2018 年，学校党政确定把这一评选活动推向全校，并纳入每年学生各类评选体系。关工委自始至终参与了“工匠之星”评选活动，老同志和学生、教师、家长一起参与了网上投票和有关奖项的审定，最后评出学校首届十位“工匠之星”、十位“未来之星”、两位“世赛之星”。在学校举行“工匠之星”评选活动的颁奖典礼上，胡双钱大师亲临现场，为十位“工匠之星”颁奖并讲话，关工委老同志代表也参与颁奖活动，并应邀为颁奖活动作了讲评。

按照党委的要求，机电系在工匠精神进实训课的校本教材基本编写完成后，2018 年下半年开始，将部分排入教学计划，进行试教。学校教研处事先组织了有关“说课”，进行把关，关工委也派出了有关老同志经常进行联系沟通。11 月上旬，机电系和关工委商定，在新的校本教材实训课中开设一堂公开课，教务处、教研处和关工委部分老同志一起现场听课并进行课后评课。通过听课、评课，学校肯定了校本教材的探索，提出在各系部实训课教学中逐步推广的要求，推进了工匠精神进实训的深化。

（四）发挥好“工匠精神”的溢出效应

1. 与师德建设相结合

工匠精神很多都是通过师傅传徒弟、师傅影响徒弟的方式传承下来的，因此师傅的角色至关重要。为此，2017 年校党委在全校组织开展了新一轮师德大讨论，其间邀请了三十余年从未出过次品的国产大飞机首席钳工胡双钱大师来校参加青年教师成长坊活动。

2. 与家庭教育相结合

家长是孩子的第一位老师，学生的成长，离不开老师的言传身教，也离不开家长的谆谆教导，学生中工匠精神的培养，需要老师和家长的一致努力。学校邀请学生家长代表参加“小小工匠”“工匠之星”的评选活动，邀请家长代表参加与大国工匠面对面活动，邀请家长代表为学校“博学节”竞赛活动获奖学生颁奖等，引导家长鼓励子女向工匠学习，争当新一代工匠。

3. 与“学劳模先进”相结合

学习工匠精神，我校不仅把两位大国工匠请进校园，还和原先的学劳模先进活动结合起来，继续组织学生和青年教师走出校园、走进劳模、工匠的工作场所，参观、访谈学习他们精湛技能和职业精神。校领导还走访了劳模协会，与上海市劳模协会建立了共建合作项目。在我校体育节中，还举行了“我与奥运冠军面对面”活动，2000 年悉尼奥运会 10 米气手枪冠军陶璐娜现场与同学们进行了零距离互动交流。

4. 与学生技能大赛相结合

学校广泛组织师生参加全国职业院校技能大赛和上海市星光技能大赛，秉承“以赛促教、以赛促学”的宗旨，将“工匠精神”的宣传和传承贯彻到技能比赛的动员和备战中。

5. 与对口支援云南滇西精准脱贫工作结合起来

从2017年第四季度开始，根据上海市教委部署，我校牵头上海中职校开展招收云南滇西贫困家庭学生，至今已有两届共四百多人。要保证这些学生学好知识和技能，落实好上海工作，达到助力家庭脱贫的目的，我校明确在这批学生中传承大国工匠精神尤其重要。于是，关工委和学生处、团委一起，组织大国工匠走进滇西学生活动，张冬伟大师为全体滇西学生作专题报告，用自己的奋斗经历激励滇西学生发愤图强。此外，胡双钱大师也走进已在上海大企业实习的、由云南红河贫困学生组成的"红河班"，与学生代表面对面交流，传授他们实习要领，指导他们如何做一个合格的徒弟，实现自己的成长梦。

四、项目实施的成效

（一）激发进取，收获荣耀

为了让新生从进校第一次大型活动开始就了解工匠精神，在每年的军训联欢晚会上，关工委老同志都会结合学校大国工匠进校园活动内容创作并表演相关节目，给新生们留下难忘的记忆。同时，在每年的博学颁奖典礼活动中，通过组织各类技能大赛获奖学生以及他们的指导教师、家长一起走红地毯和签名活动，进一步激发了学生学习技能的进取心和争当工匠的荣耀感。各类技能竞赛的开展有效地带动更多的学生积极参与，形成学技能、比技能的良好氛围。

（二）凝练文化核心，形成文化内涵

通过进一步提炼，机电系形成了"精益求精、以精致远"的"精"文化核心，形成了"精塑品格、精修专业、精练技艺、精守规范、精育作风、精研创新"的"六个精"的"精"文化内涵。机电系的"精"文化有了2.0版。

（三）活动不断深化，认可不断提升

通过大国工匠走进各种师生群体，各项报告活动不断深化，各类活动的有序开展，促进了"工匠伟大、工匠光荣"观念在学生心目中认可度的深化。我校赵俊卿老师指导的参赛选手获得了世界技能大赛的优胜奖。2018年，中国技能大赛——第45届世界技能大赛上海选拔赛的"网站设计和开发""移动机器人"和"珠宝加工"三个项目比赛在我校进行，更进一步营造了匠心育人的强大气场。

（四）大师学生互动，助力精准扶贫

大师的经历贴近学生的人生，这让同学们都深有感触。一次"大国工匠进校园”活动结束后，有个学生当天晚上就撰写了五六千字的《“与大国工匠面对面”有感》，大国工匠张冬伟身上所体现的精益求精、敬业爱岗、成才报国的工匠精神深深打动了他（图 1）。

图 1 大国工匠进校园

徐小平大师在机电系 100 多名师生代表参加的报告会上，引经据典，结合自己的人生经历，作了“工匠精神和人才培养”的报告，和师生开展了互动，深受同学们欢迎。胡双钱大师与青年教师面对面促膝谈心，探讨如何做一名合格的职教教师，进一步提高了教师贯彻落实工匠精神、加强了自身师德建设的意识。

张冬伟大师在沪滇专题报告会后和十名滇西学生代表进一步开展面对面活动，为同学们答疑解惑，点拨人生，鼓励同学们要有自信学好知识和技能，为精准脱贫贡献了大国工匠的一份力量。

访谈现场通过大屏幕进行同学和工匠大师间的实时微信互动，并在全校进行视频直播，还通过远程网络视频与上海信息技术学校对口支教的新疆喀什叶城职中的师生进行实时互动（图 2）。同学们不时抛出一些“犀利”的问题，比如，工业 4.0 时代，自动化水平越来越高，会不会有一天机器人可以造出飞机、轮船，那么传统技术工人是否会被替代呢？两位大师坚定而自信地告诉大

图 2　大国工匠进校园现场互动

家，无论科技如何发展都不可能取代劳动者的双手，以制造大飞机为例，许多零件要实现精细化，数控机床、电子设备都是做不到的，还得靠钳工手工完成；LNG 全船殷瓦钢焊缝中仍有长达 14 公里的复杂焊缝需要人工完成。最后，两位工匠大师勉励同学们要以高度的社会责任感和敬业精神，执着地坚守自己的职业，追求卓越、精益求精，在平凡岗位上做出最精彩的自己，为实施"中国制造 2025"贡献力量。两位大师的介绍，让同学们实实在在感受到了中国制造的艰辛，更是对工匠精神有了深刻的认识。

大国工匠进校园活动不在于让学生认识几个"能工巧匠"，而是通过与工匠的对话，使学生形成对职业精神的认同，是一种育人的过程和导向。当爱岗敬业、精益求精和追求产品的完美极致成为一种信仰时，始终不渝地追求至善至美的状态，则成为每一个接受职业教育的学生所努力向往的一种境界。他们一定认同职业的社会价值，而且在参与体验的过程中，找到自己从事本专业岗位的价值，培养对本专业岗位的热爱和尊重。

五、项目实施的推广和展望

两年多来，学校关工委主动配合主渠道，始终坚持把"工匠进校园"活动推进到系部一级的基层单位，融入德育教育和专业教学中，并渗透到学校的各项工作中，使工匠精神在校园的土壤中落地生根，培育中职学生成为匠心匠艺新传人。